王晧璞 —— 著

一個
義務工作者的
生命故事

出自牛津名校、褪去空姐光環
在南非的「夢他她」感受生命力！

小朋友自畫像及自我介紹

中年級學生進行歌唱舞蹈課程

每天只有一餐飯的孩子只是痴痴的笑著

沒有教室可用於是坐在戶外學習的一年級學生

沒有門牌只好畫在黑板寫上名字的
南非偏鄉小學

到家徒四壁沒有電燈的家庭進行訪談

每天只有一餐飯的孩子正在享受著作者所帶過去的點心

中年級學生進行美術手工製作課程

教師與義工在傾斜坡地上的「校園」做活動

義工朋友們進行戶外整地的勞動工作

跟在作者身後一起放學回家的孩子們和他們的三位女老師

課前晨禱

學齡前班級的教室原是一個車庫，小朋友沒有椅子可坐

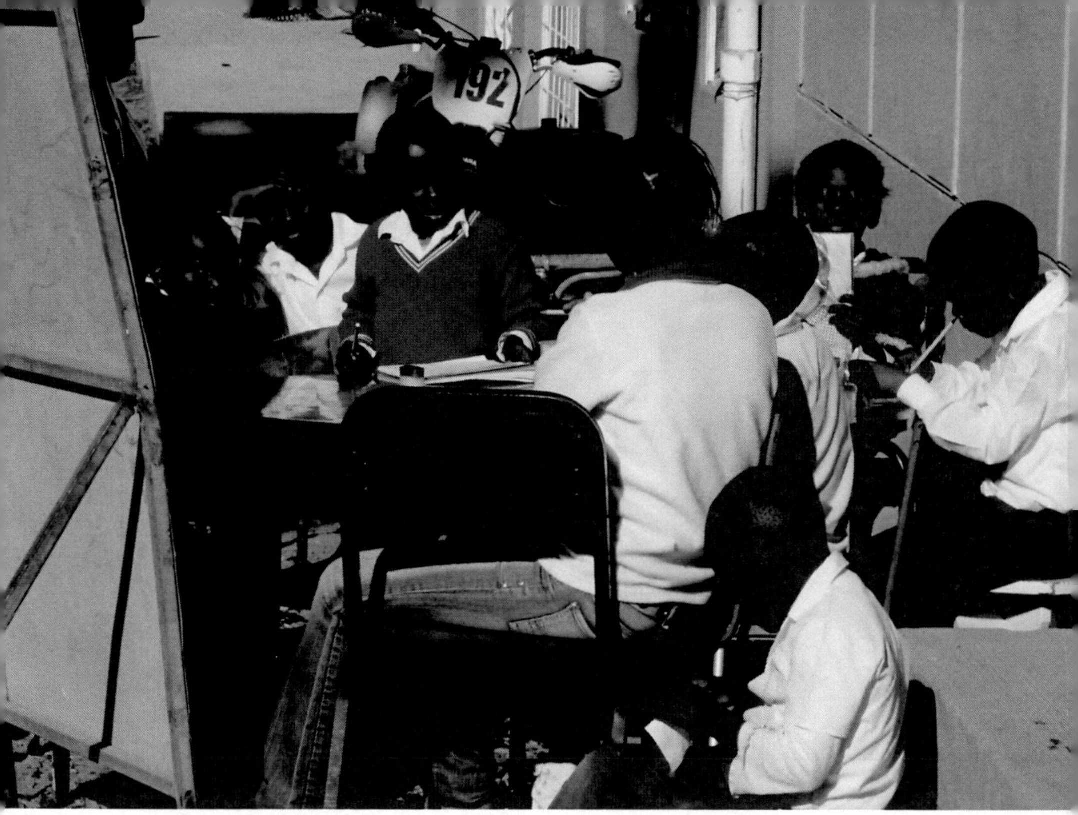

在戶外上課的低年級學生

當地老師為低年級學生上課情形

低級年學生學習編織課程

當地孩子「扛」物品的方式

西康班尼的田園

自序

這件事情聽來不可思議，但是在我的生命裡面，似乎一直有著某種使命感，在一切的華麗光環之下，趨使著我必須去為這個世界，做些什麼。

因為如此，剛剛從大學畢業的時候，我就懷抱著遠大的理想，希望為貧苦的人群獻身以及服務：當空服人員的時候，我沒有忘記這個理想；到英國的世界級名校留學的時候，我還是沒有忘記這個理想；等到在台灣成為補習班的所謂「名師」，看著台下黑壓壓一片振筆疾書的學生，我還是沒有忘記這個理想。

爾後，我總是默默的背著包包，以及透過閱讀新知，踏上了解這個世界的過程。我想，我總是必須經過一番了解，一番真正的了解，對於這個世界，我才能夠做些什麼。於是，我開始了一連串到第三世界國家的旅程，也開始了在與和服務相關的書籍上面，打轉的歷程。這些旅程，斷斷續續在我一如往常般的生活當中，同時開展。這些旅程的目的不是享樂，休假外出的我當然也不能支薪，並且，這種一而再、再而三的旅程，常常打斷了我原有的課程、我的翻譯案件等等，但是，我就是覺得這件使命很要緊，如果不做，日後一定會後悔。

於是我試著褪去空服人員的、唸讀名校的、以及身為名師的天之驕女般的外衣，一次又一次的，在這些旅程當中，洗盡鉛華，然後，看到最誠摰的人性。末了，在二〇一〇年，創立了一個免費的英文讀書會，藉由這個讀書會，讓參與者以英文的角度，看到世界，看到世界上其他地方的人們，如何生活，以及哪一些人，用了哪一些方法，來使生活在惡劣環境之下的人，有機會在他們的有生之年，見到他們的生命藍圖的擴充或者改善。

當我來到這些不同的第三國家，看見了這些人們，更加了解他們，於是我逐漸開始深深的體會，協助他人，一如德蕾莎修女和她旗下的修女或修士所言，其實是一種陪伴的過程，因為沒有人能夠真正解決那些赤貧人口的問題，而這些人口他們所希望的，有時候僅止是被別人同樣以「人」的標準來看待，有人能夠陪伴他們，如此而已。

雖然在做這些事情的時候，我並不抱持任何宗教信仰而為，然而「關懷」及「陪伴」這樣的觀念，在我的想法當中，根深蒂固。我到第三世界國家，為的是了解這些赤貧人口和台灣赤貧人口的不同；為的是知道有什麼方法可以使在我週遭的人們，願意接觸如此這般「天下大同」的議題，使有能力的人們，跨出他們「自掃門前雪」的生命態度，一同來發想這個人間在面臨種種人口爆炸及污染問題的時候，還能夠永續發展的解決之道；為的也是使台灣的朋友願意並且能夠走出去，親近世界上其他角落的人們，進而開展更加光明而平和的人生觀。

於是我真的發動了這樣的一群人，他們和我一起到世界上落後的角落去觀看、去了解、去省思我們自己，並且開始運作一些能夠使貧窮人口生活水平提升的方法。

而我們永遠不能夠忘記，在那之前，我的生命故事，是如何為這樣的一個步驟，奠下了根基。

這本書所談的種種，就是這樣一個奠下基礎的故事。

它發生在遙遠的非洲，一個叫做南非的國家，裡面一個極為偏僻的角落，名叫「夢她他」。

在南非的服務工作，對我而言不啻為是一個重要的里程碑：

第一，它使我在第三世界國家的行腳，有了一個全新的可能，這個可能就是我可以獨自進行一個在台灣以外的服務計畫；

第二，奠定我能夠「指導白人及其他膚色人種，進行教學工作」的能力；

第三，它使我確信即始漫漫長路，毫無準備，但在目標明確的情況之下，一定也能夠在不經繁複計畫的同時，找到適當的施力點；

第四，它使我能夠正面看待過去在台灣的偏鄉服務「慘痛教訓」；

第五，因為這一次的行程，短短數年之間，我開始運作一個免費的讀書會（Knight Club），條件是必須有英文的溝通能力，而且每週固定討論助人的事項。

簡單來講，南非的這一次服務行程，是對我在服務版圖以及心理建設上，一次成功而重要的出擊。回來之後，我以捐款的方式繼續資助了這個當時在南非偏遠地區，我所協助過的國家，而這幾年，我也觀察到這個我所停留過的角落，在對各項相關事宜的經營以及服務的範疇和能力上，似乎有了侷限。然而，這並不影響我持續借重這樣的經驗，以及當時所習得的一切，繼續影響學生的本質。因此，我十分感謝在當時的旅程及服務經歷當中，所經歷的所有遭逢，我尤其感恩這樣的服務行程，為我準備了更大的勇氣，面對更多在服務歷程上面的諸多挑戰。

現在，就請您繫緊安全帶，和我一起到南非的「夢他她」，來一趟如夢似幻的「夢」之旅。

目次

01

到偏遠地區服務的大夢初醒

從空服人員的崗位上面離職後的我，透過這個職場的磨鍊，又進入了校園裡面，取得在公立學校教授英文的資格，的確增加了幾分勇氣和對人生的信念，於是，那個很早之前就開始的、徹徹底底的服務他人的理想，又再次了湧上心頭。

這令我想起了一段往事。

在從事兒童美語、或在外商公司服務那段時間前後，我曾經前往應徵台灣政府所派出的志工團體甄選。考試十分概略地分為英文和自傳審閱等等，而我居然連面試的機會都沒有，實在令我大失所望。如果通過，我將前往邦交國進行服務，雖然領取微薄的薪水，對我而言卻是重要的人生經歷。退而求其次的我，認為經過飛行工作，我還是有機會可以探究這個世界，或者，至少把自己的方向篤定下來，於是考慮再三之後，我決定應試空服人員的考試，隨即，也順利的開展了我的飛行生涯。

飛行時我全心全意把這個服務業的工作，當做我的磨練機會，再苦再難的事，我也願意做，在工作場合裡面被欺負，我咬著牙吞下去，在工作場合裡面被讚美，我認為自己的服務還不到家，沒有什麼好接受褒揚的。而曾經在無數個身處外站的深夜裡，我問自己，關於我那服務及遠行的夢，到底要等到什麼時候？到底該怎麼做？

在這以後我甚至辭去了空服人員的工作，因為我在五、六萬人報考的第一次台灣初等教育體系正式英文教師的考試裡面，有了極佳的成績，成為第一批的受訓成員。根據統計，該次考試的考生當中，有三分之二以上領有碩士及博士學位，並且有不少考生是從小生長於國外的台灣人；當時我仍未出國進修碩士學位，而如我一般擁有學士學位及在台灣土生土長的錄取者，倒成了奇葩。訓練結束之後，我如願以償的考入所謂「台灣偏遠地區小學」服務，而我一直認為，考上這所學校之後，我到偏遠地區服務的夢想，也即將具體實踐！

這個，就是我「偉大而天真的夢想」！

熟料，我卻面臨放棄在那裡教學的難題。

最令我無法適應的，要算是我居然在以英文教師的身分去應徵的情況下，陰錯陽差被安置為一年級的班導師。除了擔任班導師，我也必須教導全校其他各年級的英文課程，算一算，國語、數學、英文等等重要科目，學校全部讓我包了！

這個一年級的班級，因為地處台灣偏遠地區，只有十幾名學生，但是不管再少的人數，對於一個除了兒童美語教室以外，沒有接觸過初等教育體系教學場景的人來說，都是絕對的挑戰。在面對那一年級的學生時，手足無措的感覺，至今記憶猶新：

我無法妥善控制小朋友常規，因為我沒有方法，或者該說我不知道該用什麼方法。我要教國語、數學……等等一般科目，也要教其他年段班級的英文。這樣的事實和壓力，遠遠大於我在外商公司擔任幹部時的份量，也大大高過於我在私人教學機構擔任教學要角的工作內容。

我的書桌上面堆了一大落書籍及教師指引，望著那些書本，我就想到自己的無能，那些書，我連翻都不想翻，如果翻動，那就會像是把自己的心情丟到了果汁機裡面去一樣，再三翻滾，終至不知該有什麼心情，僅有「雜亂」二字得以形容。所以，那陣子恐怕是我這輩子最厭惡書本的時刻！

帶班的藝術是在於學生在學科上面學習的掌握、以及學生在學校生活常規的控管，我每天都恨不得可以帶著小叮噹去上課，希望有人可以在旁邊給我無數的法寶，讓我的學生們能夠有效學習，並且循規蹈矩。在我的教室裡面，實際上的場景卻是小朋友們因為我的方法不正確的關係，永遠坐不住，一個個像不斷扭動的毛毛蟲蟲般，令我眼花瞭亂！

上其他班級的英文課也是一種藝術，而這也是我第一次在美語補習班之外的其他地方教授英文課程。美語補習班裡的小朋友們，程度相當的才能夠成為一班學生，而公立學校裡面學生的英文程度，就算是同一個班級裡面，也有天壤之別。所以在要對同年齡但程度參差不齊的學生進行教學這件事情上面，就算是學生人數不多，我也面臨極大的挑戰。

那個時候，我終於了解為什麼一位朋友曾說：「進到台灣國民小學的教室裡面的時候，感覺自己只能呆若木雞、作困獸之鬥，看著滿教室的紙飛機飛來飛去、學生吵到天花板都快掀了起來，卻也不知到底該拿那些已經有人會高級英文對話，也有人連ＡＢＣ都寫不出來的小朋友，如何是好」！

在我而言，帶班的壓力和英文教學的壓力，雙管齊下，令我處在高度的緊繃狀態之下，並且時時感到：

「這簡直比成為準空服人員的受訓還要令人窒息。」

因此，那段時期我會自責：

「為什麼要辭掉空服人員的工作呢？」

回想成為正式教師的受訓期間，整整一年，毫無薪給亦無保險，這對我這個物質慾望低落的人來講也就算了，因為物質條件並非我衡量事物的標準，但是，到了偏遠地區國小，又要應付比「奧客」還要「刁鑽」的一窩一年級小孩子們。天啊！我不但自找苦吃，而且捨棄了我「楚楚動人」的空服人員外觀，跑到山裡去「動心忍性，增益其所不能」是也！我愈想愈激動，但覺上天開了我一個極大的玩笑，往事不堪回首，未來迷迷茫茫，當真不知如何是好！

我只恨自己身邊沒有一把屠龍寶刀，能夠讓我將那些孩子身體裡面囂張無比的惡魔，一一斬去，使他們變成小紳士與小淑女！

我在自己擔任班導師的完全非專業領域，及英文教學的專業之間，遊走來去，不到幾週時間，已經適應不良。我知道自己全然欠缺班級經營手法，亦不熟稔幼兒教學，在那個位置上，只會讓自己離語文教學的專業愈來愈遠，並且徒增焦慮。看清了這一層，我當機立斷，決意放棄代課頭銜，回原實習學校進行實習。

幸運的是，雖然開學已經數週，這個在都市裡面的大學校，卻仍願接受實習老師。隨後在國小教務處實習的我，不但可以見識行政作業的端倪，也得以跟隨各種各樣具有豐富教學經驗的導師們，學習成功的帶班法門，這非但對我在日後成為正式英文科任教師時，有相當的助益，並且使我較為清楚了解，如何與小朋友們在英文科目以外的其他方位學習之上，建立互動。我甚至學會了如何掌控一年級或者六年級的整班學生，哪怕他們的年齡層差異，使他們有著極為不同的表現方式，我也由於在短短一年不到的實習生涯中，抓到了竅門，而使我在隨後而來的正式教師生活中，受益匪淺。

然而，那時還沒有領悟到知足惜福、萬事皆有因的我，聚積了一大蘿筐的悔恨：

我後悔不該請了飛行倫敦長班的假，前去參加「第一屆國小英文教師」考試。我在想，下次能夠真的飛倫敦，不知道是什麼時候的事？（當時自然不知道，幾年之後，因為遠赴英倫攻讀碩士，而以乘客的身分，好整以暇的從台北飛翔到了倫敦！）

考試那天關心我未來出路的老爸載著我去考場，問題當天頃盆大雨，回想起來，也許是個不好的預兆？

我後悔自己的一派天真，有著微弱的智慧，就幻想著拯救偏遠地區的小孩子們。

我懊惱自己沒有四方探聽在台灣偏遠地區小學服務，到底有什麼需要注意的「撇步」。

我想起了小叮噹的任意門，那個可以通往任何時間及地點的通道，我也希望能夠通往任何時間及地點，於是我打電話到原來任職的航空公司去。

如果說有曾經頗為賞識我的長官，也業已離職，我旁敲側擊，希望能夠找到一條能夠讓我回去的方法。最後終於與負責該業務相關事宜的人物說到了話。電話那頭淡淡的一句：

「我知道妳，妳在公司待不久，可是很紅嘛！妳不是英文很好，繼續唸書去了嗎？幹嘛回來呀？」

天哪！很軟、很軟、很軟的一句話，不過就算再軟，也改不了它是釘子的事實。我的確碰了個軟釘子。

飛行的時候，我到底紅了什麼呢？就不過是在當初入行考試的時候，一紙履歷上面的經歷，使得很多長官注意到了我，上機服務的時候，態度也永遠親切有禮，如此而已。但是，這些都不足夠，時機也不對了，老祖先所說的：「天時、地利、人和」，在想回去重任空服人員的想法裡面，上述條件，我沒有一個對得上。於是你可以說我是趕鴨子上架的走回了我十八歲就開始的路，也就是「教學」之途。

但當時的我清清楚楚的認知，自己必須把現在這條自覺不甚完善的路，妥切的走下去，直到我摸清了自己到底要什麼、自己可以做什麼為止。但我也知道自己得負責任，再怎麼樣，這種種因果，都是我自己的選擇，我選擇要辭去前一份工作，接受另一份工作，那麼，是好是壞，都該概括承受。人生這條道兒，一個決定就有如禮記所言：「差若毫釐，繆以千里」的作用，一種因帶出一種果，怨不得誰。小叮噹的任意門本來就不是我的，後悔也沒有用，我總要想辦法在教學的領域裡，咬牙撐下去。

現在是撐過來了，因為我在教學的領域上，日有心得，最珍貴的是，當時碰了軟釘子之後，讓我學會了兩門極為重要的功課：

一是不要後悔。

人生裡面沒有什麼好後悔的事情，做決定也不需要三心二意。任何一條路都會引人走向一種故事。「人生」，測試著我們願不願享受故事的高潮迭起，而且認真的在故事當中有所學習、有所領悟而已。與其責怪別人，不如調整自己，才能不時重新定位，開創新局。

二是凡事不要太有自信。

我期許自己永遠像麥穗一樣低著頭，耳聽八方並且沉穩處事，行事不疾不徐，才能在最適當的時機，採集最為壯碩的果實。

在當時，我一直以為自己碰到了人生當中的重大挫敗，沒有想到的是，決定回到都市裡面的小學，就意味著我得以在那所極大的學校裡面，與各種性格、教學方法……等各異的教師及行政人員學習。學校裡面這些老師的建議及指導，使我獲益良多，也為我在未來的教學品質舖路；他們在待人接物上面的自信及耐心，更使我了解這些老師們的偉大。我更沒有想到的是，就在這同一年，因為在薪水上面自感「說不過去的低」，因為再怎麼說，實習教師的薪水都和空服人員的薪水，差別太大；我一點都不缺錢，但是我不希望自己在現實社會裡面，有具體的實力卻賺不到合理的薪給，於是，我開始了接觸成人英文教學工作的過程，這樣的一扇門開啟之後，就又是另外一段令人百轉千迴的實戰經驗。

我很慶幸自己是擁有兒童英語及成人英語教學經驗的老師。

我所教過的課程種類多樣，對象各異。

雖然我的個性看似天馬行空，卻又可以有條不紊照課程大綱一步一步走；是以，上課時要以考試準備或者談話為主，要何種內容，要用哪一本書來上課，都很難有我處理不來的案子。

對於當時給我軟釘子吃的女士，我也心存感激。要不是那根軟釘子激發了我的決心，今天，我可能還在天上飛，是不是當得到座艙長是個問題之外，還要想想能不能有此機緣，與我在各行各業不同社會階層的學生，有教學相長的機會。

所以，困難並不真正難以解決。困難只是讓我們知道，事情的走向，永遠有其他的可能。

只是在當時，因為沒有準備妥切，因為沒有事先了解，所以我往往感到，自己千方百計調查偏遠地區學校代課缺額，到考上以後因種種因素而離開，這一跤摔得不輕。受到奚落也是在所難免：

「找了那麼久的學校，去教了兩三天就不做了？」我也冷笑自己，認為自己是痴人說夢，空有抱負。

這些年以來，我一直將此事引以為戒，鮮少再次提及「前往偏遠地區服務」之事，也不想談「志工、義工」的話題。一朝被蛇咬，十年怕草繩，就是這個道理。

對於我所想做的事情，我也開始有了戒慎恐懼的心情，不敢躁進。

於是從表面上面看起來，我似乎是揚棄了服務於偏遠地區、協助弱勢者的理想。

02

追尋真理的熱情不滅

雖然乍看之下，我的偏遠地區服務理念，終於宣告終結，但是在內心深處，它依然蠢蠢欲動。

我發現人們總是急於找尋某樣事物，他們希望由這樣事物當中，看到答案，因為這樣的答案，得以解決他們所有的疑惑。

對於暫停了偏遠地區服務理想的我來說，很多問題的答案，都是我所想探究的。

我想知道如何才能夠解決人類因為占有的慾望，使得原始土地消逝的問題。

我想知道為什麼在都市裡面，人與人之間有著極度靠近的身體距離，卻仍然感到孤寂。

我想知道如何使童工由世上消失。

我想知道如何解決能源不足的問題。
我想知道如何使人們不再因為宗教的不同，而互相仇恨、乃至戰端四起。
我想知道如何使愛滋病不再蔓延，如何戰勝絕症，如何根絕瘧疾。
我想知道如何使世上的人們，沒有飢荒或者悲傷。

是的，我滾動不停的腦袋有著許許多多的問題，而這些問題我知道，不是我坐在書桌前寫作、坐在電腦前讀新聞、到國外喝喝洋墨水、或者站在教室裡面上課，就可以找到答案的。任何事情的答案，都需要長時間的摸索與了解，需要耐性與認真的態度，才能慢慢將真相看清。那就像是我也喜歡從事藝術品的創作一般，不論是以手工製作勞作作品，或者是畫一張畫，都需要以耐性去感受光度、角度、色澤……。這些都需要時間；經過琢磨和思考，一個作品，才能夠被附予某種生命力，展現其華美的質地。

我應該喜樂的是，我不再為自我的存在感到問題重重。打從十幾歲開始，我就思考著存在的問題，大量閱讀關於存在的書籍，而且刻意要求自己多多磨鍊，經歷不同的工作場景。這一些思維及經驗，給予了我無數的養分，使我成長，並且茁壯。眾多關於「我的存在」的問題，似乎在事務的多角接觸上面，找到了答案。我彷彿總是能夠與最清新的自我對談，我也彷彿可以摸索出關於自我的這個「我」，所該走的路。然而，這卻不代表我不曾有過矛盾或者掙扎，這也不代表我不會再有矛盾或者掙扎，但我想我總是願意學習，願意從失敗（如果它們是失敗的話）或者任何的事件裡面，獲得啟示。

假若我已經不必再質疑我為了何種目的而存在，那麼我認為，自己應該朝著一個超出於「我」的目標前進。

這時，我想問的最深沉的問題是：我能不能夠稍稍放棄「我」，以及「我」在這個現實社會裡的自我追求，為了他人的幸福而努力？

這種訓練及挑戰，是不是可以經由更多的生命歷鍊，而摸索得來？

要服務他人，先進入名校以及成為名師，進行自我訓練追尋真理的路，永遠不嫌長，在追尋那些關於人類生存課題的同時，我也來到了世界級名校牛津大學就讀。進入這個大學之後，導致了我在想法上面的思辯與辯証，更導致了我在職涯發展上面，得以教授在成人英語教學裡面，挑戰度較高的留學英文考試。

在補教業的環境裡面，很快的，我有了「名師」的頭銜，有幾次還因緣際會的被媒體給報導過。

在補習班裡面，因為老師們來來去去，相談或者分享經驗，有時並不那麼容易，建立深刻的友情，好像也並非那麼簡單，不過可喜的是，在任何工作場合裡，我總會發現一兩位談得來的朋友，能夠交換一些生活與教學上面的心得，能夠互相砥礪或者打氣。而正因為在補習班的環境裡面生存，其臥虎藏龍的一面，我自然是習以為常的，身邊人才輩出，當然也見怪不怪。我常常對於這些老師們生起尊敬之意，畢竟他們之中許多人長年在補教界工作，在教學上面練就了一身好功夫。

雖然被稱為「名師」，不過，與這些前輩們相較，我很幸運的只是一隻「小咖」（小角色），也談不上什麼有名不有名的，而我很享受這種「沒名」的「名師」角色，至少我能夠有自己的隱私權，也不用一些辛苦工作的記者等等，像貓熊守著竹子一般，黏著人來個紋風不動！

在這些前輩裡面，其中一位老師每次看到我就說：「為什麼不當空姊了？當老師有什麼好，在這裡受學生的氣，教課又那麼辛苦。如果是我，我就要選當空姊，飛來飛去多逍遙自在？」

這位名師真的堪稱名師，他的課場場爆滿，因為累積數十年的教學經驗，也幫助許多莘莘學子順利準備留學考試，所以頗受大家的尊崇。不過，當他談及對空服人員的觀感，我卻往往一笑置之：空服人員的故事可以洋洋灑灑寫一大落，其辛酸、快樂、痛苦、迷失，和一般人沒有兩樣。亞洲的文化過度膨脹了空服人員「應有」的端莊美麗、帥氣英挺，但如果將那外表的殼子打破，仔細觀察其形象之後的工作性質與人格特質，可以訴說的，大約並不若想像中的愜意非凡。

話說回來，這位名師有一次很認真問我：「妳一個牛津畢業生，在這裡做什麼？」

我很仔細地思考了這個問題。我知道前輩的意思是說，我畢業於所謂「一流名校」，應當可以進行其他規劃。

就台灣的教育環境來說，高等學歷的普遍度大幅提升，現在人們所重視的是最高學歷的取得與否，不見得是學校的出名與否。牛津是響噹噹的名校沒有錯，不過我拿的是碩士、還不是博士學位，要真正在學術環境裡面嶄露頭角，碩士自然不足。

我當然深信學歷不是人生當中惟一的考量重點，許多其他客觀的因素都加諸其中，況且，這位老師的意思也許在於，我何以非走教學路線不可？如果走其他路線，難道不成？

如果是這樣，那麼我應該可以清楚說得出來，我不會離開教學路線，因為這條路是我在所有曾經走過的路途當中，走得最為執著，而且能夠為我帶來最大成長空間的路線。

我更想思考的，不是「妳乃堂堂一介牛津畢業生，窩在這裡做什麼？」這樣的問題。

我想思考的，是「妳身為一個人，在這個世界上做什麼？」

我想我們每一個人之所以生而為人，就負有某種使命、某種任務。

對我而言，找尋我的使命與任務，是一件絕對重要的課題。

而且，我必須非常努力，努力地挖掘出這種使命與任務，並且貫徹它、執行它。

我不時的想，如果我很快就要離開這個世間，我可以為我的學生們留下一些什麼，或者為我的家人朋友們留下一些什麼，以期能夠使我們共同的視野更為宏觀，或者使他們更加勇於追尋理想。

我們沒有一個人能夠操縱生命的長短，這是一開始生來這個世間而成為人，就已經和命運之神打下的契約。至今，上至國家之首，下至販夫走卒，沒有任何人能夠攻破這一關。

對我而言，在任何場合、地域教書，都沒有區別。是民營公司也好，是公家機關也好，是大都會裡的學校，或者窮鄉僻壤的學校，我總可以從我想從事的教學方向上面，進行我所想進行的知識傳輸。[1]

對我而言，日常生活中使用什麼鍋碗瓢盆、住什麼房子、開什麼車子、哪怕是騎機車騎單車或者步行，只要到得了，都沒有區別。我總可以在最簡單的環境或者器皿裡面，找到最大的舒適與滿足。

但是對我而言，在此生要走到什麼境界，是很重要的。如果我的能力可以幫助十個人，我就要好好的幫助這十個人。如果我的能力可以幫助二十個人，我就要好好的幫助這二十個人。

在這裡我用了「幫助」這個字彙，實在太過自我膨脹；所謂的「幫助他人」，也是「成就自己」。與其說我幫助他人，不如說我是成就我自己的種種所需，如此看來，幫助並非幫助，它乃是一種生活經驗的分享。

那麼，不管我所使用的語彙是什麼，總之，我想知道這一世我的能力侷限在哪裡、我又可以做到什麼。哪怕也許我看來如此微渺、什麼也做不到；哪怕我從來不以高級房車、豪宅、美味珍饈、名牌服飾等等來妝點我身分地位；哪怕我就是一個赤裸裸的人，什麼也沒有穿戴，我就是想問我自己：

身為一個「人」，妳要做什麼？

妳能夠做什麼？

註釋：

1 只不過我確定我不要在台灣一般國民義務教育的小學課室之中，教授英文，我沒有辦法在一個學期裡面認識幾百個孩子、對他們每一個人投注以無比的熱情和關注，因為學生數量太大，但我卻希望對每個孩子的英文教育產生影響，對他們每個人投注無比的熱情和關注；如果在台灣的英文教育制度是讓我一個學期教五十個、七十個孩子，那麼就太好了！

對比而言，教授成人是另外一回事，他們多半已經在心智和身體構造上面達到完全的成熟，那種兒童所需要的關注，比較不是他們所需要的層面，所以我的心理負擔反而不那麼沉重。因為孩子的需要是如此特別，所以我特別要對台灣的初等及中等教育體系裡面的老師，致上無限的敬意，他們真的太過辛苦。在教師負擔過重的情況之下，學生個別的需求，往往是省略的一環。

我呼籲任何教育改革的政策執行者，重視了解第一線教師的心聲及現況，而非在象牙塔裡往地面觀望，認為一切看來都是美景或是惡景，而實行全面式的改造。全面的改造固然有其優點，但是它過於躁進的結果，只是使得教育環境更為惡質。

我更要強調台灣有可以讓我們的下一代英文能力更好的人才，我們的教育體制必須想出一種留得住他們在初等、中等教育界服務的方法。

03 繼續問問題

如果我們不能提問，就永遠找不到答案；如果我們不能夠與人交談，就永遠看不到其他的可能。機會是為已經努力過的人作準備的，不過，我們到底了解別人多少，以致於我們可以在國際的舞台上，有伸展的機會呢？富有的國家為貧窮的國家所帶來的問題，層出不窮，如果我們的角色站在富有的這一邊，可以做的，又是什麼？

我自己的了解也不多，可是我覺得生命是一個不斷學習的過程，所以我想多看、多學、繼續努力。經過不斷的提問和對話，不論這種提問和對話是與自己或者他人而得，都可以使我們獲致成長。而且，人的學習是永續的，腦部也需要持續的開發，就算以個人健康保健的觀點來說，這種不斷運動大腦的「運動」，也於己有益。

科學家們說，愈古老的森林，復原的速度愈快。動畫界的巨擘宮崎駿的作品「魔法公主」，顯示後來雖然因為各種爭端，森林遭到破壞，但是它的癒合力也令人難以想像，而這，不是沒有科學根據的。相同的，人類擁有古老的歷史和傳說，也使得人類在目前的艱鉅課題之下，蘊含無限的爆發力。我們每一個人都可以把內心的毒素淨化，昇華成豐碩的果粒，為別人帶來幸福與快樂的種子，更為別人開啟不同深度的視野。功利主義的社會也許帶來冷漠的人際交通，但即始在任何一個又急又趕、金錢至上的進步社會之中，人們天性的善良因子，一如正義感、同情心、友誼……等等，仍然清楚流動著，所以這個世界仍然美好，人類的未來，依舊精采可期。

而如果要世界各地都有美好的感受流動著，首先，大家必須不停地「聊天」。用比較「高級」一點的字眼，就是要不停面對面地「對話」。這個「聊天」的主要工具，除非聯合國所預估的數據有所錯誤或者更動，直至西元二〇五〇年左右中文轉為世界第一語言之前，都會是「英文」。當然，其他語言也並非不能當做溝通橋樑，即便它們不像英文那般流通，但是一旦有了溝通的念頭，任何一個共通或者相近的語言，都可以成為媒介。

尤有甚者，「微笑」是世界共通的語言，這是無庸置疑的，因此它所扮演的角色，遠在我們的預期之外。

「聊天」的美好，只有自己經歷過才能感受到，因為「聊天」給人與人所開啟的了解感受，遠非筆墨得以形容。第一次和西班牙人、法國人、或者非洲人（我所接觸過的是非洲南方諸國人士，其他非洲區域是否如此，不得而知）吃飯的時候，我真的只有「不可思議」四個字可以形容，他們的速度極慢，一餐可以吃三、四個鐘頭，所以必須在精神條件良好的情況之下赴約，以免昏昏欲睡！

與來自各國的不同朋友們聊天的好處，大約只有真正體會過的人，才能夠感覺得出來。

所以整個和善的交流過程，常常是從一抹淡淡的微笑開始的。

微笑引領出了解的念頭。

了解對方的心，導致我們願意與別人聊天，繼而透過聊天，提出關於自我以及他人的更多疑問。

當這些疑問獲致解決，我們與他人之間的距離，也就更進一步的瓦解了。

此刻，我們自當願意笑臉迎人，將我們最好的一面，呈現給他人，因為我們對自我的了解更加透徹，也無懼於在他人面前，剖析自我。

聽起來像不切實際的天方夜譚嗎？

笑容和了解，卻能夠帶來許許多多意想不到的豐碩成果：

個人內心的和平始於此；

一國的動盪不安，答案亦源起於此；

世界局勢之間的紛紛擾擾，仍然繫於此端。

天下本無事，有事的，從來只是人心的那只形影不見的：魔。

趨魔的方法，從來再簡單不過，「溫言良語」而已！溫言良語則必能協助我們，提出得以找到更多答案的問題！

04 再次出發，再次了解「愛」

進入了成人英語教學的職場之後，我教了一些不同的科目，這其中也包含了托福作文。我的同行朋友們不時對我提起：「作文怎麼教啊？我覺得很難教耶！妳怎麼能告訴學生該怎麼寫東西呢？那不是天生的能力嗎？」我則常常覺得莞爾，因為不管他們怎麼說，我實在很享受教授寫作的樂趣，就連從硬綁綁的托福作文題目裡面，我也可以得到很多靈感。

話說有一個托福作文題目要考生分析二十世紀最重大的發明為何，一看到這個題目，我的腦袋裡面就跑出了一個畫面，畫面裡面有一家店，店名叫做「速食愛戀館」，這是個愛情仲介兼二手生意的店，走進這家店裡，陳列的都是以美麗或者帥氣的照片做為封面的虛擬世界產品，那些想交朋友的人，只要在這家店裡面挑到數樣商品，就可以回家去跟這些虛擬世界裡面的真人們連絡。這些真人也是非常寂莫的，他們正在等待這些買到當中有他們的連絡方式的商品的買主，可以給他們電話，約他們出去。如果不適合，這些買主還可以把原來購買了的商品帶回店內，以低價的方式賣給「速食愛戀館」，再進一步挑選其他的可能相約對象。

請不要弄錯，這不是色情行業，因為大家都想找到真愛，所以乾脆用這樣的方式，比較迅速。而且，貨品齊全，供應源源不絕，因為世界上寂寞的人們，真的太多、太多了。由於廣泛受到注意，這個行業居然開起了世界性的連鎖商店！

而行業裡面一項著名的訴求是：遠距愛情和遠距學分一樣，不是問題！

幻想完這個畫面之後，我先大笑幾聲，然後再想想，如果要我回答有關二十世紀的重大發明這項問題，我應該會如此說：「二十世紀的重大發明就是速食店，而速食文化是如此入侵了我們的思想、文化、社會體系……等等，終於導致我們連在挑選對象的時候，都離不開『速食』的文化。」

愛情的確在某個角度看來，變得速食了很多，更由於世界上大部分的人們，都以一種幾近瘋狂的角度來擁抱愛情，我們常常忘記愛有很多種，反而僅將目光專注於許多引人入勝的小說情節、流行樂壇的暢銷愛情歌曲、或者電影裡面的纏綿緋側畫面之內。這些大眾文化裡面所談到ＬＯＶＥ，就是異性或同性之間的愛情；那些經過包裝的愛情看來令人如痴如醉，俊男美女的搭配，永遠令人賞心悅目，於是，小時候整天與電視為伍、看過不少好萊塢電影的我，一直以為「愛」呢，就是長相英俊挺拔的男主角與風情萬種的女主角相遇了，經過幾個小時以後，他們會有身體上面的接觸，然後，他們愛情故事的幸福而美好的偉大結局，就在我和其他的人的想像之中，慢慢發酵！

沒錯！當很多人談「愛」的時候，腦中所想的是浪漫的愛情，然而「愛」的真實意義，不應僅僅侷限於「我」愛「他」，「她」愛「我」。這不代表愛情不重要，我承認它是重要的精神食糧，如果沒有愛情，許多人的生命，可能失去光采，但如果我們將這世上所有的愛，都歸為愛情的一部分，那麼，我們就失去了某些較為寬廣、更為包容的視野，因為在男人與女人之間，男人與男人之間，女人與女人之間，那所謂的愛情，是極其占有式的，是私慾至上的，是排他的，是連一粒沙都容不下的。

真正的愛，卻可以是一位陌生人對陌生人之間的關懷，這樣的愛及關懷，也存在於朋友之間、師生之間、鄰我之間、科學家及老樹之間的互動裡。

愛以那樣多元的形貌呈現，那些形貌可以存在於一片農夫所耕作的農地裡、或者機師帶領乘客飛越過的天空之上。現存的任何一種度量衡，都沒有辦法精準測出「愛」有多麼無邊無際。真實的愛、真切的愛，它們的力量是如此強大而且具有延展性，可以包括無數的海角天涯。

正因為愛有延展性，愛也可以是狹隘的。

事實是，如果人在追求自我幸福的同時，無法顧及他人的幸福，哪怕這種幸福是我們所懼怕或者痛恨的人的幸福，那麼，這種幸福便是一種虛假的幸福，因為它間接的建立在別人的不能歡喜如意之上。這個道理適用於兩人之間你儂我儂的愛，也可以用來闡述群體之間在大環境之下的互動。舉例而言，工業國家因為文明發展，造成第三世界國家無法處理溫室效應所帶來的災害，此種「犧牲他人生存福祉，尋求自我發展」的變向進步，最後所導致的是無數難以解決的後續問題。

而另外一個事實是，人在本質上是自私的，這是我們無法避免的天性，我們自私的心性可以從凡事由「我」的角度出發，看得出來。

這本身沒有什麼不對，但是當一個人太過自我，當一個民族與社群太過自我，那麼這個個人與這個民族，將勢必失去與其他個人或者民族，產生良性互動的契機。所謂「良性互動」在此指的是善意的交流，一種得以讓「我」個人的品格、我的民族，更有永續發展空間的互動。

如果世上每種膚色的人口，及世上每個不同語系的人們，能夠學習將「我」稍微放在第二位（因為如前所述，我們不可能真正犧牲自我，所以在這裡我用了「稍微」二字），將「他人的福祉」放在前面，思考如何可以便利大眾，如何可以讓大家歡喜而不是只有個人歡喜，那麼，這個世界可說就離和平不遠了。

可惜的是，人們的主觀、偏見、信仰、地域性的阻隔等等，諸多林林總總的因素，往往阻卻我們了解他人的契機，更阻卻我們了解自我的契機。

另一個事實是，人類生來就是自私的。語言是人類的溝通方式，而絕大多數的語言是以「我」為第一人稱，代表最為重要的部分，而且我們通常把

「我」放在句首，而非句尾。當然，這是因為生存的需要，但這也代表了我們習於以自身的角度為出發點，我們喜歡為自己帶來較多利益的事物，而這些也其實沒有什麼錯，但是，當個體或者特定群體的需求過大，要了解他人就變得困難許多。

當我們不了解他人，並自以為了解自我的時候，我們是自大而充滿敵意的，這種自大，這種敵意，只會使我們更加不了解任何他人，並且將使我們不斷將手指指向他人，永遠無法回溯自我的根源與自我真實的方向。

希臘羅馬神話裡面講到了水仙花的由來，這是一個男子自戀的過程。每日到河畔觀照自己的倒影的結果，終於使男子跌入了湖裡，變成了水仙花。說到底，其實每個人都是自戀的，只是自戀程度的多寡而已，當我們自戀的程度過高，認為我們對自己有足夠的了解，我們可能會是自大而又充滿敵意的，這種自大和敵意，會使我們無法反思，更無法了解我們身處何處、由何而來、該往何處而去。

由此可見，愛的本質具有極強的創造力，亦有極強的傷殺力，尤其當人們以愛為名，實際上卻做出傷害他人、事、物等等的舉動時，這種駭人的爆發力，尤其令人驚恐萬分。有人可以將「愛」當作一種手段，更有人可以將自己的「愛人」當做戰利品、犧牲品、圖利的工具。

這就像海洋生物和某些國家、漁民、或商人之間的關係：瀕臨絕種的鯨類，明知不該再殺，科學家卻「以愛為名」，告訴世人他們必須研究這些海洋哺乳動物的生態；在酒席上面，明明知道魚翅是把鯊魚的鰭砍掉之後，再將牠們丟回海中，任其自生自滅，我們卻還是在新郎新娘及其雙方家長的安排之下，以「見証偉大的愛情為名」，每年吃掉不知多少的魚翅羹。漁人及商人獵捕深海魚群，一般人仍然購買，因為他們「以愛家人為名」，要讓他們吃營養的食物。

我知道鯨類不會人類的語言，但是牠們的溝通方式，至今仍為科學家們所著迷。牠們也是哺乳類動物的一種，具有難以估量的智商。

在牠們被我們獵殺的同時，就像人類被屠殺一般，難道不會發散出悲傷的聲響、氣味，進而影響鄰近海洋生態的情緒，造成不同物種的恐慌？

難道海洋魚類的捕獲量年年大幅下滑，完全是出於人類大量需求的原因？

當然人類在漁獲上的大量需求，因為人口爆炸而愈益增加，可是有沒有可能魚類本身也像許多現實社會之中的人類一般，在壓力之中無法釋放自我，對未來絕望，於是選擇不孕育下一代？

千萬不要忘記，這些答案都是無解的，因為以現今的科學水平，我們仍然無法了解海洋之中的哺乳類動物，究竟如何具體溝通、牠們溝通的內容，又是什麼。

我知道談論愛、談論人與人之間的互愛、甚至談論到人與生物之間的互愛，似乎把話題扯遠了，但這些難道不是提供我們追求心靈及物質平衡議題的答案以及方式？

如果我們不能夠學習尊敬對方，不能夠學習尊敬地球上的萬物萬事，不能夠卸下自我的防衛，我們如何能夠了解對方的需求，以建立一個平和、永續的生存環境？

如果我們不能在此生，使這個社會及世界，達到某種和平的境地，是否我們就該放棄這種和平的可能？

或者，我們應該繼續嚐試，嚐試相互尊重與了解，嚐試互信與互愛，直到也許我們的靈魂的某部分，再度投胎，來到這個世間。屆時，這些從我們的靈魂分出，而再度來到這個世界的他們，是不是就能夠享有我們所種下的，些許善因及善果？如果是不能相信輪迴轉世的朋友，那也無妨，假想這個世上有個天堂，如果我們往生之後都到了天堂，當我們看到這個世界一派和樂安康的景象，難道我們不會發出會心的微笑嗎？

從某個角度來看，這個世界是公平的，因為每當有一個人做出了愛惜他人的事情時，在另外一個地方，就會有人正做著「濫用愛的名義」的事，這個世界上的每一個著名的機制，乃至於惡名昭彰的行為，舉凡全球經濟化、旅遊觀光業、生態銀行、超小額貸款、盜獵、毒品交易、人口走私、特種營業、童工……等等，全部都是「愛」與什麼交織而成的機制或行為呢？

答案是：血、淚、和背叛。

所以這個世界真的有好人和壞人。我希望我們都是好人，因為我們必須做很多事情，來使這個世界不要成為一個血淚交織的場域。因此，我們共同的使命是培養對其他人類、人群的真誠關懷之心；我們共同的功課，是學習如何不算計，卻能夠真正去愛惜他人、他物、他事。

請記得一件事：日本這個國家，在最近西方國家所做的一個世界先進國家觀感調查之中，名列前茅，因為他們對國際事務的參與程度極高，僅次於德國、遠遠超出美國！他們以愛及和平為出發點，他們的年輕人前仆後繼地走向了國際人道救援的工作，而且是長期深耕，不是蜻蜓點水。固然他們的軍武受到限額，固然他們已然經歷經濟的富足果實，不過，當我們想著日本對我們在大戰時的侵略，也該想想他們如何以非官方的方式，打開了自己國家在國際形象上面的重要門檻。這樣的國際形象，首先為日本帶來國際上仍然新興的日語學習風潮，因為大家對這個民族感到好奇；其次所帶來的，是這個國家的觀光收入。

顯而易見的是，「如果愛得對、愛得好」，這種愛，甚至會為一國及一地的人們，帶來其他的附加價值。

自然而然的是，在這所有關於「愛的課題」裡面，教育一環相當重要，教育者也絕對責無旁貸地需要扛起重責大任，方能打下「愛的江山」，然而，這卻不代表其他在大眾媒體、流行文化、建築等等各行各業的人士，就可以規避這種責任。相反地，大家應該同心協力，建立一個「詳和的社會」、期盼一個「充滿著愛的世界」！

「愛的課題」不是在唱高調，也不是知易行難的理論，不論如何，我們都要懂得將溫暖散布他人，如此，這個地球上面的未來人，才能夠懂得如何互信與互愛。如果人類在日後，仍能永續存在，那麼，有絕大部分的成因會是來自於「無私的愛」，這種愛，就是能夠為了他人而犧牲小我的享樂，默默奉獻。當我們都學會這門高深卻又簡便的藝術，人們就會因為真正懂得愛人，而更通透於人生的道理、自我的習題。

如果這條路可行，「速食愛戀館」就不會行得通，取而代之的是一個和小我之間情愛世界無關的「愛心行館」，它會因為人類願意互相交換互諒與互愛而存續。這種互諒及互愛的德行，將使得這個世上的每一個人都容光煥發，因為他們是如此地被愛所包圍、也因為他們是如此地願意付出他們的真心！

05 有了「愛」，於是可以透過專業，看到世界

一個人的一生當中，可以扮演的角色有很多很多，雖然有些角色不是我們可以決定的，但仍然有一些角色是我們可以主宰的。以我來說，當老師是我自己可以主宰的；我的另外一個角色：「英文新聞主播」，也是我可以主宰的。

所謂「可以主宰」，在這裡的意思是指「有能力可以做到這一項工作，並且有機會從事這個工作」。當然我知道在這個「可以主宰與不可以主宰」之間，仍然有模糊地帶，不過這些至少不像我們是誰的孩子這一件事情一樣，是我們沒有主控權的角色制定。

這個英文新聞主播的工作，也算是圓了我小時候的一個夢，小時候的我，曾經希望有朝一日能夠成為記者，陰錯陽差的緣故，沒有能夠真正走上那一

條路。

這個英文新聞主播的工作主要是翻譯已經編好的中文稿，而且每場新聞只有十分鐘左右的播報時間，又是聽眾朋友看不到臉孔的電台播出，卻已經讓我從中學習到許許多多平常想像不到的事務，對於能夠有這樣的機會，我相當感恩。

如果我們真心想做一件事，就算要花很久、很久的時間，只要那個夢想不曾破滅，那麼，我們就總能夠在離現在不遠或者甚至很久的將來，心想事成。

話說，有一天在譯一則新聞的時候，看到名字很美麗的藍鰭鮪魚即將瀕臨絕種，中文新聞的說法環繞在日本人對於鮪魚的捕殺之上，我卻一直沒忘記這則新聞，因為「藍鰭」這個名字很夢幻，好像隨時有音樂會穿山越嶺而來、有圖像會瞬間生成。結果不過幾天功夫，在我仔細閱覽外電報導之後，卻發現更為清楚的來龍去脈：歐洲國家大多希望放寬對藍鰭鮪魚的獵捕限制，原因是獵捕該種鮪魚不但可以供給世上愈益興起的日本料理市場更多生機，也可以給在受到強烈經濟衝擊影響之下的歐洲漁夫們，一個可以賺大錢的機會，因為捕到一條藍鰭鮪魚的漁夫們的所得，等於一位正常漁夫一年的收入！歐洲諸國為免其漁民面臨失業之苦，於是對於獵捕藍鰭鮪魚的限額，據理力爭，如此一來，早就提出警訊的科學家及生態學者們，無不發出沉痛的怒吼。他們揚言抗議，且將發起拒吃鮪魚的全球活動。

原來日本這個國家扮演的角色只是其中一環，其他的拉扯力在於別的第一世界國家為保護其國民而產生的經濟、生態角力，科學家及保育專家成為最為弱勢的一群，他們所發出的聲音，乏人聞問。當然，更不要說是未來的地球主人翁了，他們將沒有一人能夠親眼看到這種鮪魚，因為捕殺的限額已經通過，現行的限額根據科學家們的評估，將使藍鰭鮪魚「在五年之內絕跡」。

可敬的保育人士在這時出動了，這讓我想起小時候的「科學小飛俠」卡通，每次他們五人一起行動的時候，全神貫注，並且有那首音樂作伴，真的讓一個小孩血脈賁張！當我看到保育人士提出的計劃時，當場飆淚，因為實在太令人感動了啊！諸位，他們將發起全球性的「抵制食用及購買（藍鰭）鮪魚」的行動：這個「（藍鰭）」的符號是小女子我自己加上去的，我認為應該全面性的抵制食用及購買tuna！我的意思是，只要想將鮪魚當做餐點，就要勇敢說「不！」

群眾的力量是強大的，當布希政府決定出兵伊拉克的時候，全球數十個國家的民眾走上街頭，抗議此舉；現在所發起的這個抵制鮪魚的活動，自然應該要受到許多國家的響應才是，因為同樣的行動曾經有效制止象牙交易，大象的數量因而不致於銳減！

令人汗顏的是，整體而言，台灣居然也在「過度捕殺鮪魚」的行列裡面，在外電資訊當中，「榜上有名」，我們真的應該深切檢討啊！

我也可以在這裡告訴你一個小秘密：只有「具有國際觀的國家的人民，會像反對美國出兵伊拉克般，加入這個環保的抗爭之舉」。所以這個描述所代表的指標，也許是你可以用來測試你所居住的城市、國家、乃至各界領導者，有沒有國際視野及遠見的重要依據！

在此同時，我在南非的國小所遇見的孩子們，仍在他們的工藝課程裡面學習堆肥、資源再生利用：他們學習如何使用果皮及土壤的綜合體，使之發酵，而後可以養出肥沃的土壤，種植其他作物。但天知道他們一點消費能力都沒有！也製造不出多少無法分解的垃圾！而富有的國家們卻是有能力站在國際舞台上面，取決某物種生存與否的決定者。這種畫面一再上演，連我親愛的台灣同胞們平均一個人一天都要使用兩個半的塑膠袋：非環保材質的塑膠袋是在燃燒過後，釀成空氣污染的原兇之一，如經掩埋，則不能自然分解，反而造成地層破壞。任何塑膠相關的製品，在一九六〇至二〇〇〇年這幾十年當中，就增加了二十五倍，但是海洋生物的復育比例只有可憐的百分之五不到。污染海洋的垃圾有百分之六十到八十都是塑膠製品，某些區域的污染甚至高達百分之九十到九十五。而能夠購買得起塑膠製品，包括塑膠袋的大量使用的人們，絕對來自於全世界比例而言較少的人口，因為只有他們有消費能力！

有人責怪非洲人不知節育、沒有良好的衛生習慣，但實際上是非洲乃現在第一世界強權國家權力爭奪後留下的爛攤子，同時，愈來愈大片的耕地無法生長作物，與溫室效應習習相關，製造溫室效應的罪魁禍首，都是經濟強權大國。

還好現在有很多受過精良訓練的專家，願意為了地球面臨的浩劫思想解決辦法，例如先進國家的公司想到了用「綠色存款」的方式，請仍保有原始森林的第三世界國家，繼續保育森林數十年，為他們自己，換得財源；或者重要的基金會如蓋茲基金會，資助研究者發明因為傳統民俗觀念，而不能或不敢使用保險套的非洲婦女，不致於在性生活中染上愛滋病的藥膏；再或者也有無以計數的人權團體，為了因戰火而顛沛流離的人們、或者因生長環境而被迫工作的童工，爭取權益；諾貝爾經濟學獎得主尤努斯（Yunus）和其他的人們，專為窮人而設立貸款機制，以利大眾。

這個世界，仍然美好；這個世界，也必須美好。這不是為了我們自己，而是為了我們日後世世代代的人類及其他物種著眼。

06

看到世界以後，繼續反求諸己

有一次旅行，我染上了輕微的感冒，咳個不停，有痰也因為旁邊有人不好意思吐，又吞嚥回去，像把心事往肚子裡頭埋，一直到看不見它們的影子，一直到自己忘記，原來貝殼的耳朵裡面，有著輕飄的浪花和海豚的飛舞。

飛行來到亞洲的都市，在高級飯店裡，原本就要入睡，但是因為時差，卻是怎樣也不能成眠。眼睛睜開，將電燈開啟，進入眼簾的是電話機上面、筆記本四週，三兩隻小型蟑螂爬著、竄著、急著。這是我第三次在房裡看見這些蟑螂。

我假裝沒有看見，因為人類所活動的地方，並不代表昆蟲不能活動，我們只是占據了他們的活動空間而已。

況且，時間已是午夜，我不想驚動客房服務人員。

可惜的是，假裝沒有看見，卻不代表蟑螂並不存在。我發現自己難以入睡。就在心神不寧之際，我打開衣櫥，欲取出電腦來寫作，卻沒想到從我的電腦外袋上面，竄出一隻又一隻的蟑螂。

幾乎要爬到我的手上。

幾乎使我將電腦甩離。

我不可置信地看著電腦、看著那個房間，知道自己無論如何是不可能入睡的了。於是撥打服務電話，服務員聽完我的話說：「蟑螂哪裡都有，我們也不能克制，要不讓上面的樓層服務員幫妳噴點殺蟲劑？」

我想她大概不明白，這樣會把我給嗆昏。不過她已經決定讓一位服務員來看看我的房間。

等候些時，一位客氣到有點謙恭的樓層服務員來敲我房門，我讓她看了一下蟑螂的痕跡；我殺死了一隻蟑螂，以作証明，並且點出其他還在搖控器上面、在筆記本上面爬來爬去的蟑螂，而我其實沒在房裡吃什麼東西，並且蟑螂似乎不是為了食物而來，否則為何貼近了我的筆記型電腦？

她說要替我換個房間，並且請我到樓下去換房門磁卡及填寫一張表單。我說我穿著睡衣，下樓可能不太方便，她卻說這是換房的規定，而且很誠懇地說我這樣很好看。

我沒有辦法穿著睡衣去樓下大廳，但是我又不想換衣服，於是我披著浴巾來到樓下取卡。這是一種怪異的裝扮，像是午夜裡面從黑暗深處而來的妖精，突然現身，披著人類做的斗蓬，四處作怪。我不想做這樣的裝扮，但是半夜三更實在情非得已，只好如此。

實際上，我是多慮了，因為除了旅館的員工之外，在黑夜像個延伸的地毯覆蓋了北半球，街道安靜地像隻沉睡的無尾熊的夜裡，我的衣著不會招惹太多的目光。但不論如何，這個把自己包裹在浴袍裡面的舉動，使我想起，當我們要做重要的事情的時候，我們卻不見得永遠有機會穿上衣服、更遑論正式服裝了。因此，在那個夜裡，我想到了服裝、乃至於正式服裝的意義。

人類在文化及信仰上面的演進，促成大部分的人都認為，一絲不掛地走在馬路上面，就算不被熱昏或者凍傷，也是傷風敗俗的行止。因此，人類開始有了衣著的剪裁和設計，衣著裡面，尤其有了正式服裝，專為正式場合而設計。但是，並非所有的正式場合，都是事先能夠取決的。有一些所謂的正式場合，是突如其來而必須舉辦。而有一些時候，我們甚至來不及換上正式服裝。就實質層面而言，在某一些場合裡面，我們穿著正式，是為了表達我們的感激或欣喜之情。相反的，在某些場合裡，我們之所以穿著正式服裝，乃除了為著表現我們的真心誠意之外，還外加我們對於週遭人事變換隨之而生的悲慟感。

生命裡面的快樂時光，總是比較容易面對一些，那些不悅的記憶，我們卻要花很長的時間，才能擺脫。

是以，穿著正式地出席一個值得慶祝的場合，遠比一樣必須身穿正式服裝，卻必須出席悲傷的場合，來得容易得多。而民間的各種婚喪喜慶，有其不同的展現方式，也受到一地的文化、習俗、傳統……等等交錯的影響。

有一部分的台灣人相信，在喪禮上面要哭得愈大聲愈好。哭不出來或者哭得太小聲？請考慮雇用職業孝子！

還有些人則是相信，參加喪禮的那些生者，應該穿著一式一樣的服裝，進行各種必要的儀式。有一次我到中國南方某一個省份遊歷，在馬路上看到一大堆人身穿花花綠綠的服裝，完全沒有統一的型式，還邊走邊敲鑼打鼓，我很興奮，以為新娘很快就出現了，沒想到新娘沒來，卻見一夥人伴著一個棺材從後面走了過來，而且沒有一個參與者是哭哭啼啼的，我甚至感到他們在笑！同樣是龍的傳人，可是在台灣，我所見過的是生者統一穿著單一色或兩色衣服，頭戴白布，並且表情悲淒，淚流不止。

另外，有些人家會燒各種重要貨幣的紙錢給往生者，外加名貴跑車、名牌背包、洋房等等的紙製物品，讓往生者在另一個世界享用。

還曾耳聞有人家在親人過世之後，請了看來年輕貌美的小姐，在往生者的靈堂前面為往生者跳舞，跳到最後，小姐身上穿的衣服全部一件件地脫了下來，靈堂前面的親朋好友們，看得如痴如醉。

我打從心底尊重這些禮儀，而且這些喪事的舉辦方法，它們有極其深遠的社會價值及文化信仰，許多外籍人士，對於這些風俗民情中的細節，充滿好奇。

不過就我個人來說，我認為生命的本質是大開大闔的雍容氣度，本來就源自於空空如也，最後也將回歸至空空如也。繁文縟節的存在，縱然有其必要，卻不見得應該鎖住我所有的思緒及行止。我寧可選擇過一個豐富而多彩的人生，那麼，當我也成為一個往生者的時候，我不但心存感激，而且毫無遺憾。

所以，謝謝，我真的不要有在我靈堂前面脫到一件不剩的男子或者女子，為我跳舞。

當然，我也不需要什麼名車洋房，所以那些金紙做的好東西，還是留給別人燒吧：我連在世時都不需要名車洋房，死去以後怎麼會喜歡擁有這些呢？

如果很幸運的，我的死因將來自於醫學上面的可預期因素，那麼我希望辦一場別開生面的聚會，希望來參加的人，一起與我慶祝生與死的喜悅。而如果我無法事先知道自己的死因，那麼我清楚地希望，所有前往我的喪禮的人們，都應該懷著就像去上一堂我的課一樣的感覺，希望他們記得我曾經對他們說過的，那些有意義的、好笑的、甚至無厘頭的話。

我希望這些來參加我的喪禮的人，能夠歡慶我富足的生命，如此了無遺憾；也希望這樣的了無遺憾，能夠提醒他們把握光陰，不做悔不當初的事。

當然，如果輪迴轉世真的存在，我希望他們知道，我的死，只是為了準備另一位比現在的我更有智慧、更有氣度的老師的誕生；而魯鈍的我在此生的學習與累積，將在來生，以更有能量的模式，為我的學生們傳道、授業、解惑。

我要自己準備好在任何時刻都會死去的事實，這樣，我會更加珍惜此生的每一分、每一秒，我也就會每一天都盡心盡力、無比開懷地活著。

而如果我的死，是因為不可預期的因素，我卻可以想見，就算我因為飛機失事而身亡，找不到我的遺體，或者就算我因為重大車禍而面目全非，並且停止呼吸，所以沒有一個人看得出來我的面部表情，但是，我的心也會因為離開這個世間，而開懷地笑出聲。因為我知道，我的死亡其實就是再生，會有另外一個更聰明的我，再度來到這個世界，繼續我的教學之路，造福更多的人，也繼續我的學習之路，使我減少一點痴愚之心。

什麼？天堂？地獄？沒有輪迴轉世？

那也沒有關係，如果我要上天堂或者入地獄，那也很好，我會繼續抱著一顆學習的心情，到那個地方去見識見識，並且看看有沒有我能夠使力的地方。就算我必須像那位希臘羅馬神話裡面的西西弗斯一樣，每天來來回回在山坡上面滾動一顆石頭，那我就會一直跟那顆石頭講話，講到他也回話為止。不是說在死後的世界，所有的東西都是有生命的嗎？我想我一定交得到一些朋友的！而且，一定有很多我可以學習的地方！

在我的喪禮上，我也不必穿什麼衣服了，我兩手空空、赤身裸體來到這個世間，本來就該以一樣的方式離開。器官捐贈做為醫療研究之用以後，如果還剩下一些什麼，我想以樹葬的方式來安排我就好了，這樣，我會給樹木養分，未來，會有人們坐在樹蔭下面乘涼，我會好好保佑大家的。如果有情侶來坐卻碰到流氓來收保護費，我會暗中賞那個流氓幾巴掌。

既然我都不考慮穿衣服了，我當然希望那些參加我的喪禮的人們，身穿令他們感到最為舒適的衣著前去，哪怕是游泳衣外加防曬乳液，那也再好沒有，就穿吧！

我希望他們會開開心心地前去我的喪禮，因為他們該以開開心心的方式，面對每一個生活當中的細節。

總而言之，在我的喪禮就免談什麼正式服裝的事情了吧！連我們在心靈之上的那雙眼睛如果有了問題，都沒有眼鏡得以矯正，更別談要替我們的心靈穿衣服了。

重點是：要幫心靈穿衣服的話，穿得上去嗎？人生在世最重要的是心性的培養，心性都穿不上衣服，外面穿什麼，又有什麼要緊？

如果我已經斷氣，而且所謂來世根本不存在，那麼，我什麼都不會知道，別人穿什麼對我而言就都無關緊要了。

可是，如果我斷氣了之後，成為無所不知的靈魂，那麼，我將看到的是去見我最後一面的人的真實面容，這種面孔就是他們在心性上面的模樣，不是外在的穿金戴銀，就可以彰顯或者掩飾的。所以他們的外在要穿些什麼，自然也無關緊要。

想完了這些，新卡已經握在手中，到了房間並且安置妥當後，我和這位服務人員小談一會兒，提及她這種每天夜班的工作。她說礙於生活，實在沒有辦法，只好日夜顛倒來養家活口。

她說她這種職業就是註定了要沒有地位，做一個社會裡面最下層的人。我很不願意聽她這麼說自己。我告訴她她的態度很和氣，這是很值得尊重的。我再說道，每一個人都有一種做人的態度，這種做人的態度是決定一個人最要緊的物事，不是什麼身分地位。我說有身分地位的人，不懂得自重，便會使人看輕；沒有身分地位的人，卻有從容不迫的氣度，也會使人刮目相看。

她很開心的笑了，說她謝謝我對她的稱讚，並且說我看起來很有教養，問我做什麼工作。

知道我泰半的時間都是從事語言教學的工作之後，她很誠懇地說：「做老師的是了不起的工作，無私的奉獻和付出，是很辛苦的。」

我們交談完畢之後，我回到房間，慢慢地入睡了。

直到此刻，當我落筆之時，她的話語，仍然如雷貫耳。

我是不是做到了這樣的標準？

無私？

奉獻？

付出？

到底做為一名教育者，該走什麼樣的路，我的心裡面一直有種很篤定的聲音和答案。

我只是貫常地安靜，不善於亦不喜於解釋，悄然經過我該經過的景緻和道途。也許就像那一陣風，或者就像一片雲，就算輕輕吹拂，就算緩緩飄送，也無聲無息。

我謝那些蟑螂的出現，使我在午夜過後的飯店，遇見這一位提醒我的天使和菩薩。

如果我一直如此篤定，那麼，我就不將有忐忑不安的心境。

我會知道接下來該做些什麼。

對於即將到來的課題，我毋須畏懼，只須放寬心胸，緩步相迎。

相迎，哪怕利刃穿心。

然縱利刃穿心，最深不過一死，若知視死如歸鄉之途，更無所懼；倘利刃穿心卻得軀殼不死，吾只消以柔克剛，利刃亦可削為針屑，直至不聞不見。

世事皆有路，槁木死灰，百轉千迴，只在彈指須臾之間的心念轉化而已。

再度探究這個世界確立了我真正將把手執教鞭當做一生的志向以後，也確定我無法忘懷那些從閱讀或者影像傳播而了解的，赤貧地區人民的生活模式後，卻因為受過在台灣偏遠地區服務時的教訓，我仍然沒有冒然加入任何一個組織，進行我的偏遠地區服務計畫。相反的，我開始直接進行世界落後地區的「田野調查」，想用雙眼看一看赤貧人口的生活模式，把他們的背景和在書本上面所接觸到的知識相融，以期能夠找到協助他們的合理途徑。

因為如此，我開始抽空進行第三世界國家的了解之旅，而這種旅程，起初，往往由我個人進行。

07｜最深刻的旅遊，是文化的了解，而文化的了解，來自與當地人士的接觸

打從身為一位空服人員開始，我就由心裡面揚棄了「到達某一個外站之後，盡情地利用時間去把每一個附近的景點去玩遍」的做法。

對於空服人員來說，尤其是對於甫成為空服人員的人們來說，如果他們所飛航的是國際線，每到一個幾乎完全陌生的文化及地理環境裡面，就像一般的旅客一樣，只要在停留時間許可的情況之下，他們也想放鬆心情，盡情遊覽當地景點或者品嚐當地美食，所以在我所飛航過的航班裡，空服人員相約出遊是很尋常的事：或者雇請當地導遊，或者曾經聽聞其他機組人員說過某某餐廳佳肴美味可口，於是一同前往等等，所在多有。

但是我一直對於「在短時間內遊遍各個景點」的做法，抱有質疑。最大的

理由應該是我相信一個地方不只是地理上面的位置而已，它還包含有它的風土民情、人文價值，如果我只是前往一處景點，聽導遊或者解說員告訴我該地的歷史背景，在明勝古蹟前照相留念，到星級飯店去一飽口福，那麼我不認為我遊覽過當地。

我一直相信「人」是一個地域裡面，最重要的條件。

這個人、這群人，架構了該地在藝術及思想上的成就，促成了該地在經濟及文化上的興衰，也導致了該地在觀光及美食上的開創。在這多種樣貌當中，藝術及思想上的成就、經濟及文化上的興衰，是我所更為關切的，而如果必須了解這些層面，單單從後面的觀光及美食著手，必當有所匱乏，因為觀光及美食的條件，往往相較於以上其他因素而言，更加是「客隨主便」的結果，即本地人若發現外來觀光客時興某種娛樂或者喜愛某種口味，他們會將原本擁有本地風貌的活動、食物，予以改造；此種改造可大可小，但不論如何，此種「革新」使得本地文化因為外來文化，產生衝擊，從較好的一面看，是本地的文化更具國際視野，但從壞的一面看，是本地的文化失去其原有的純樸民風。

雙層旅遊巴士原來不是桂林的一部分，但是因為觀光客大量湧入，觀光客們喜愛在露天巴士的上層拍攝週邊風景，於是桂林有了這樣的雙層巴士。這種巴士不只倫敦有，在舊金山也有。

中國美食為全球老饕所喜愛，因此就算到了智利，也可以看到中式餐廳。許多人在旅遊時特別喜愛狂歡、放鬆，因此就算是在保守的杜拜，也有夜夜笙歌的酒吧。

在印尼巴里島的主要觀光景點街上，你可以聽到各國人士的口音，本地人的聲音反而顯得微弱了一些。

在柬埔寨的吳哥窟，孩子們因為觀光客的湧入，而四處兜售紀念品。如果沒有觀光客，如果這些孩子不在吳哥窟生存，也許他們不會和任何觀光客打交道。

對我來說，旅遊不是依尋某種排列與比較的方式，告訴我最時興的景點、美食，然後我跟隨著那些景點的路線走，去尋找景點與美食，在相機裡面堆築起記憶卡可以承載的畫面，再隨著飛機的起降，返回台灣這個太平洋上面的蕞爾小島。

我的旅行所以看來似乎相當靜態。

我到達一個地方以後，專心但又無心，等待與我相會的人，告訴我他們的故事。從他們的故事裡面，我拼湊出這個地點所要告訴我的訊息。

我從不認為我該遊遍全部的景點，我認為這只是個人選擇的問題，就像是進了書店要買哪一本書，是讀者自己的取決。旅行也是這樣。即始是世界知名的自由女神像，在讀過了她的身世背景和內在架構、看過了她的地理位置和真實形體，就算是遠望她卻沒有走進去，對我來說，也不會悵然若失。

我寧可在泗水的旅館裡，聽著鋼琴師的伴奏。或者坐在旅館裡面不同角度，看看來往的人群，然後偶然遇到一位旅館工作人員，與我談談他的工作、他的城市、他的國家。

我寧可在雪梨灣前面逛逛，再走到街上的水果販那兒與他買些水果，之後，和他談談水果的價錢、他的生意、以及為何離鄉背景來到雪梨。

我寧可走到在吳哥窟向我兜售物品的孩子的攤子裡面，坐下來和這些孩子們聊天，問他們的名字、問他們的名字有什麼意義、問他們住哪兒、問他們幾歲？

最重要的是，問他們為什麼不上學？

我往往發現，只要與這些人真誠對談，總是可以聽到一些平常看不到或聽不見的故事，而這些故事，正是促成這個地理區塊現今模樣的，重要線索。

所以旅行時候的我，很少趕路。

我知道只要有耐心，老天爺會派來一個使者，為我說個好聽的，故事。

哪怕就是在一處沒有人會進去的本地市場內，它看來其貌不揚、污穢不堪，我還是可以在走進去之後，在一處不起眼的小攤販前面坐下來，吃東西，並且聽到許許多多，動人的故事。

就算他們不說英文，就算我們不能溝通，還是有某種不必語言溝通的話語，在靜靜的流轉，讓我聽見這些人的故事。

一沙一世界，一花一天堂。

我同意這個說法。

然而我更要說：

一人一世界，一人一天堂。從一個人身上，我們得以窺探這個世界，我們得以見到天堂。

有些人會令我們走入地獄，但是，一旦我們自己能夠從那地獄裡面走出，我們就還是見到了天堂。而這段地獄到天堂的路，更加彌足珍貴，那是因為我們自己的心性，在這個由地獄到天堂的過程當中，接受了徹底的洗滌。

我們每個人的內心，都住著一尊神、或者一只佛，所有的旅行，都是讓我們打開心窗，觀照自己及他人這個神性或者佛性世界的過程，這種過程，可不是吃喝玩樂可以全數涵蓋的！

08 不計畫行程的旅行

一開始自助旅行的時候，我會希望在行前將路線規劃妥當，當看著一張不熟悉的地圖時，我也會希望將地圖上面的座標，像個一盤棋的走位，一目瞭然，不再有任何不清楚的所在或者疑惑，因為已經在裡面的一個又一個座標裡，有了住宿的位置、有了計畫中想到達的地點。由於可以掌控，我便不必驚慌。彷彿那一個又一個明天，在異地的日子，也有了可以歸依的時程和方向。

人，總在一種規律的時間和行程之內行走，因此心安；我們每天上班下班、上學放學，有著可以預期的每一個明天，所以這些明天不該令我們感到畏懼、感到尊敬，即始這些明天裡面，有許許多多驚奇和課題，悄悄的靈動。

我們像一個君主一般，居住在自己所建立的城堡裡面，外面並且有護城河，可以保護我們的安全，也確保我們在城堡內的行動，一如往常。

其實在我看來，每一個明天其實都有著不可預期的種種因子，我們在看似規則的日常軌道當中慢步或快步，卻也無法改變這軌道本身不定的各種變因。

到異地的旅程，更復如是。

既然無論如何都有變因，既然許許多多原來的安排會因為人為或天然的因素而改換，例如三年前所印行的旅遊書籍，裡面所記載的機場巴士服務系統已然不復存在，旅者根本不可能靠著當時的這種巴士服務系統到達市區。或者在網路上大家極為推崇的觀光景點，由於業主經營方針轉換，改為房地產投資型式的高級住宅區……等等。我開始感到其實不必有這許許多多的安排。只要我不在旺季出發，只要我手上有一本簡易的旅遊指南，那麼我勢必會到達一些固定的景點，景點裡面則必定有其他值得一看的事物，景點裡面亦將有著住宿的選擇。

就我的教學工作而言，暑假到達忙碌的顛峰狀態，其他時間就變成了我能夠稍加運作的旅遊空檔。這些空檔，恰恰使我能夠在行程上面與其他旺季時間才能得閒的人們錯開，同時我也不會選擇在聖誕節、中國農曆新年出遊，是以，我避開了旅遊的旺季。

慢慢的我發現，只要非旅遊旺季出發，即始到達某地之後，馬上就要尋找住宿地點，也不會是件困難的事。

我於是開始以這樣的方式旅行：到達目的地之後再尋找所希望探訪的景點及住所。

後來我才發現，會用訝異的眼神和語氣問我這樣的問題「難道妳對自己到底要去哪裡，真的一無所知」的人們，常常是來自於和我擁有相同文化及背景的人們，至於許許多多我在路上遇到的背包客，在我心目中真正的背包客，並無所謂「詳實計畫」這樣的事情，他們和我一樣，隨遇而安，但可以說我和他們最大的不同點，是我在隨遇而安之外，還希望能夠服務人群。

於是，我有想做的事情，想做的事情裡面，必有種種路線得以考慮；我所想做的事情就是經緯，而那些路線將成為這經緯上的座標，成就不同的視野、不同的故事。在這個世界上，每一次的旅行，我要看的是學校、是教育、是社會文化以及經貿全球化帶給一地的人的衝擊，有這樣的大方向，一切就妥當了。

計畫只是為求心安，然我心已安，計不計畫，實乃山外之山，遠看近看皆是山。

09 在沒有計畫的行程裡，找到答案的一顆烈火熊熊的心

雖然不再繼續學問的攻讀，但是在牛津的短暫訓練，使我更加喜愛探問問題以及尋索答案。就像是一隻從來沒有進到水域裡面、卻開始學習浮潛的長頸鹿一樣，我一直對很多事情，都有著超高的興趣，在我心深處，也一直有個問題，就像一個大型的研究計畫一樣，占據了我的腦袋，這個問題是：人類到底該採取什麼方法，才能夠更加促進人與人之間的和平相處，國與國之間的和平相處，沒有疾病，沒有戰亂？

當然我知道這是一個夢想，但是我並不覺得在很多人一齊努力的情況之下，人類會無法達成這樣的願望。

與其說這是我的研究問題，不如說它的範圍仍然很大，這也就是為什麼我

得「研究」的原因。幾乎任何一個研究，都是在某些最為細微的事情上面，產生出最為深刻的答案，但是我無法現在就進行到「細微的事情上面」，因為我所投注的心力，仍然不夠。我惟一有的是我長期所專注的工作經驗，除了這些之外，其他許多事情在我來說，都是專門的知識。

簡單的說，進行一個研究計畫的撰寫之前，必須搜集大量的資訊；但我不但缺少更多必要的資訊，也缺少更多必要的知識。這使我必須再下一些功夫，尋索一些答案。

既然必須探索那些問題的答案，既然必須花費時間來了解這些問題所牽涉到的專業層面，我在內心深處的想法是：我必須多看、多聽、多學，惟有如此，才能在較大的範圍當中，問出一個真正有能力去面對的問題，並以持平而穩定的態度，找出它的答案。

因為必須多看、多聽、多學，除了閱讀，我也開始安排一些旅程。像在當空服人員的時候一樣，我仍然不是一個「喜歡玩」的人，我喜歡的是到達一個地方之後，觀察當地的人、事、物。但是和擔任空服人員那時不同的是，我又增長了一些見聞，我不再害怕自己內裡的樣貌，並且，我知道自己要的是什麼，再說，我覺得對這個世界有一份責任，因之，我所觀察的角度，又有了顯著的不同。

非洲是其中一個我認為必須前往的所在，但是因為飛行路線的考量、簽証申請的難易等等，我選擇了南非這個我比較熟悉的地方：大學時代我是南非青訪團的一員，曾經在當時的政府官員們的帶領之下，走過這片土地的某些角落。然而事隔多年，我和當時的朋友們已經失去連絡，而當時的路線是別人所設計的，現在的路線則必須靠自己，依我在出國之前仍然忙著交稿和上課的時間緊繃狀態來說，設計路線是不太可能的。我只是買了機票，上了飛機，心平氣和地等待到了機場之後，去服務臺詢問在機場附近的居住地點，再慢慢計畫下一步。

我只有一張機票，只有一張可以與人交談的嘴巴，只有一個在意志上無論如何希望尋找答案的心靈。但我始終覺得，如果我保持著開放的態度，一定會碰到值得我學習的事情。

這也許就是為什麼我聽從了機場旅遊服務臺人員的建議，選擇了免費接機、提供早餐、而且廚房可供自由使用的某個旅店。如果沒有在機場旅遊服務臺，遇到那位熱心協助的服務人員，進而聽從了她的建議，那麼，我就不會在那兒等候這家旅店所派來的車子，進到它裡面去。

入宿該旅店有一件對我在南非之行有決定性影響的事：我遇到了安。照我喜歡跟人談天的習慣，見到任何人，只要是看來還算和善的，我總會和那人談上幾句。

該提醒大家的是：就算是一隻在學浮潛的長頸鹿好了，牠仍然可以從水裡站起來，好好地發個聲！

話說，那天我一到了這家旅店，把背包放下，走出房門面對陽光時，就遇見了德國人安。當時她在她的木屋前坐著，因為太陽的關係，有明亮的光線從她的身上蔓延到了地面，她戴著耳機閉著雙眼聽音樂，很安寧的樣子。

我信步走向了她，介紹自己給對方認識，我也說明自己不想打擾她聽音樂的雅興，她居然告訴我那不是音樂，而是一本書的誦讀，同時她說我一點也沒有打擾到她，她只是有一個不同於一般人的習慣，她一旦打開一本書，就一定要讀完它，沒有讀完會造成她的心理緊張，安買書時會買有附可聽式誦讀的版本，所以如果不想讀她就用聽的。總之她一定要讀完（或者聽完）。她說她只是在「聽」書，沒有什麼特別的事。她顯然也想與人講講話。

我倆就這麼拉里拉雜地談了起來，東南西北什麼都聊。

我問她到南非多久了，她說已經是第二次到南非，每次都停留很久，因為她不喜歡她自己的國家，所以老往南非躲。

爾後，安告訴我她即將前往某我從來沒有聽過的地點，擔任義工。她在談那些地點的時候，如此自在，使我認定了她必定已經對那些地點和義工組織，相當熟悉。我問她那個義工組織有什麼，我也想了解那些人都做了些什麼事。在聽過安對那些義務工作的簡單介紹之後，尤其在發現這個團體的一部分主力，是放在當地的一個小學上面後，我很想到這個地方看看，但又怕它地處偏遠，不知自己是否找得到，因為它聽來像在荒山野地裡似的。

後來我才發現，安也並沒有真正在這個義務團體裡面工作的經驗，她的前一回南非之行引領她到了這個地帶，在這個地帶，她認識了這些在其中工作的義工。和這些義工變成朋友，並且知道他們在做些什麼事情之後，她決定「再次逃離」她自己的國家，前往該處擔任義工。

我和安在旅店只有半天左右的相處時間，我知道她很誠懇，也在言談之中知道她即將前往該處。不過我們的談話，很快因為時差所導致我在身體上面的疲倦而中斷，由於安訂了當天下午前往該偏遠地區的車票，我想這以後就沒有和她再見的機會，於是先和她道別。

回到房裡，我一路睡到深夜，醒來之後認為想當然爾，安已經離開旅店前往她的目的地。誰知第二天一早當我和喬治在談論前去購物中心事宜時，他卻說：「安應該也會想去，我們去找她一下。」

我還以為自己聽錯了！沒想到安真的沒走。

這是因為安的行李在旅遊途中遺失，本來那些航空公司地勤人員說會在她下午六點出發前把行李送到，但卻沒有送。沒有行李的安感到苦惱，因為她幾天沒有換洗了！所以她打算再等一天，也就是在這個我們要到購物中心的日子，她將順道再去買一張巴士車票。

這一來我的腦袋開始轉了！安所將前去的地點位處偏遠，她既然還沒走，而且又要去買票，如果我也買到票，豈不可以讓她帶我到那個地方去？我和安商量了一下，她的態度非常開放，認為那是我個人的決定，她可以配合。

我語帶保留地說先看是否買得到票再說，畢竟車子當天出發，有沒有位子還在不定之天。沒想到在安買完了單程票後，當我購買來回車票，竟然都有空位。車票到手了，我左思右想，決定先不和義務工作的籌劃者大衛連絡。

大衛是安不斷提起的名字，我已經會背了。

我所希望的是親眼看到這個名為大衛的男士，當面和他談話，知道他的計畫和心態，再決定是否參與其工作，或者從事協助。我決意如果這個人令我覺得心術不正，或者這個的計畫裡面不需要額外的幫忙，那麼，我就將在和他見面之後，先在當地休息，再安排下一段路線。

至少，在這場「研究」裡面，在我所想提的研究問題當中，有一個很清楚的概念：我要跟著「教育」走。也就是，我要在自己所熟悉的領域裡面繞行，去研究南非的小學教育也好，去研究南非的高等教育也好，我希望自己不要離開教室，不要離開教育的範疇。

並且最好是在一個比較偏遠的所在，比較需要更多了解的所在，來進行我的研究。

最重要的是，我相信安，她不至於出賣一隻擁有好奇之心、還戴著潛水蛙鏡的長頸鹿，而我也相信我所做的選擇。那是一個前往不知名的地方、做該做的事情的選擇。

在心裡握著這個概念的我，和安由約堡乘搭上公車，來到一個叫做夢她他（Umtata）的地方。夢她他離約堡是至少十二小時的車程。

我們兩個女子是由旅店的工作人員，載到約堡中心的巴士站去的。

在等車的時候我們遇到了一對特別和善的堂兄妹，他們是南非人，並且正好排在我們後面，在巴士出發慢分的那段時間，我們與他們有了一些交談，像是約堡的工作機會、治安、南非人的健保福利、他們各自的工作等等。我實在覺得只要保持一顆開放的心靈，到哪裡都可以遇到照顧你的人，就像這一對堂兄妹，他們的目的地是整體車程的一半，也就是他們會早我們六個小時下車。

他們在上車以前提醒我們行李要隨身，下車時又把我帶到他們的原座位，這樣我和安可以有較大的空間，坐得舒服一些。

這些看來不起眼的舉動，讓我感到老天爺的恩典。祂總是讓我們遇到願意給我們一些幫助的人，這樣微不足道的協助，總能夠給予我們絕對的力道。

例如像這一次遇上安，我感到她像是在等候我到達約翰尼斯堡，然後專程帶我一塊兒起程似的，連她的行李在那天我們離開時都還沒有到！加上我的行李又小，還果真像是安「帶了」我這個「行李」前往了夢她他。

坐上巴士之後，沉寂下來，接下來是無盡的黑夜，天上的星星默默俯視著我，我望著窗外，想著我生命裡的點點滴滴，想念遠方的家人，任心緒在那星夜若波浪般拍打在印度洋、太平洋，而後飄回家鄉。

我想念我的家鄉，想念我的家人朋友，但我也知道此行對我而言是必要的，我必須在生命的交接點裡，做出合適的轉折標記，所以我入睡、醒來、入睡、醒來，在一種絕對篤定的心思裡，如打磨般那樣探勘自己更加深沉的想望，或若出家僧眾敲打木魚般，一聲又一聲扣！扣！扣！堅定自己的思維。

當日出照在臨近夢她他區域的時候，我看著山巒的起伏，感覺世事的滄桑。太陽的金黃色的手印佈滿整個大地的時候，山與山之間有著不同的顏色，他們唱著、他們愁著、他們堅忍卻又瀟灑地裝載了許許多多生命體，在這個大地、在我的眼前悠揚。

巴士也曾在公路上急駛之後緊急剎車，力道差點讓人衝出座位，往前一看，一群牛隻正意態闌姍地過著馬路，牧童向巴士司機打聲招呼。沒有喇吧沒有怒罵，只有等待和一車人們期盼的眼光。

終於來到夢她他，安是全車惟一的白種人，我是全車惟一的黃種人。在我們下車時，我望著窗外；放眼所及的另一位白種人，應該就是義工計畫的統籌人。

他是大衛。

我和他在簡短的交談，了解他的計畫，了解他的背景，了解他的家人之後，決定了這次工作的參與。

我後來才慢慢知道，這種所謂的義工工作，包含自我付費的概念在內：即從事義務工作的人，必須在服務之外，付擔一定程度的食、宿費用，收入則回饋給義務服務的對象、當地人士，少數則回流大衛本身，畢竟他和他的家人及其他為這個組織長期工作的人，需要基本的維生條件。在我的眼中看來，這是一種良性循環，因為像大衛這樣連自己讀高中的女兒的學費都付不出來的人，以社群健全發展為其主要目的，營收並非他真正的心志，就算有微薄的收入，那些也將成為如學校或農場等計畫之內的措施用經費，或者他們簡單的開銷。

實際上，許多年前當我在網路上面流覽，就已經發現了這種「義工自行付費」的觀念。很多的組織與一些需要幫助的社團、社區、學校等等結合，進行仲介。只是我不知道他們在素質上的良莠，因此一直沒有真正的加入這些組織。

在我的觀念裡面，加入組織並不是惟一的方法。找尋我的「研究」答案的同時，如果有了組織的保護傘，不見得是利大於弊。然而，誤打誤撞的我，還是進入了這個團體。

就在我消化著這種「義工自行付費」的觀念的同時，就在我思想自己在這個團體裡面的定位的同時，我不知道自己的出現，對大衛和其他成員來說，竟讓他們充滿歡喜之情。最重要的是我的教學背景、我的教學理念，是他們所迫切需要的。

大衛的計畫和他所處的基地聖約翰港，距離夢她他還有一個小時車程，而夢她他既已是南非的偏遠地帶，大衛的計畫執行地，即聖約翰港，就是在極為偏遠的地區了。

此處，人民的每日平均消費能力，在一塊美元以下。

失業率高達百分之六十五以上。

觸目所及的大部分本地人不穿鞋子，我想一方面是習慣，一方面是買不起。雖然有公立學校，但是班級學生人數過多，教師教學動機不足，學生的學習動機也深受影響，所以大衛他們想進行改造。

他們設立了一所學校，學校開張的日期，就在二〇〇八年一月。開學的那一天，從辦公室排隊的家長，一直蔓延到辦公室的半山腰之外。當地父母希望把孩子送來這個學校，因為這是一個強調英語教學和才藝培養的學校，同時，這個學校也不強迫家長付擔全額學費。英文並非一般當地的家長及孩子的母語，但是稍有概念的人都知道英語在當地、在南非、及在全世界的重要性；其次，家長們認為如果孩子能有一技之長，他們就能夠有更好的生存條件，能夠供給自己的生活所須；再說，學校的辦學理念是協助貧困家庭的兒童。基於這幾層原因，這個學校在當地受到家長的注意。

開學的時候，全校有五位本地教師，當中的三位沒有教學經驗、沒有受過正式教師訓練。這些老師們整體而言，是有熱情但沒有完全準備好的老師。他們需要別人的帶領，需要經驗的分享，不但在班級經營上面如此，在教授課程上面，亦是如此。

他們需要有教育專業背景的人來刺激他們的教學，這個人也必須能在語言上能以英文與他們溝通，願意花時間來從事義務工作。

我在二〇〇八年四月這個時間點與他們相遇，也恰巧準備好了。所以，若要說我等待著某個令我成長、以及回答那些我所提出的根本問題的機會，他們更也在等待著像我這樣的人的出現。

看到這種種實際面，大衛告訴我他要給我一個單人房間，讓我能夠專心工作（一般而言義工們睡的是一個大房，雖然不是通鋪，但一個房間裡面也有好幾張床，不能讓我隨心所欲按照個人時間使用筆記型電腦，靜靜坐在那兒工作，畢竟那是缺少個人空間的場域）。原先我擔心這樣會造成和其他義工之間的隔閡，但大衛說有必要他會解釋，而且加上我與人為善，並沒有造成什麼困擾。

大衛也在一開始就清楚表示，如果我能夠給予有力的協助，如果我的目標達成率令他們感到滿意，他希望我能夠時常回來，協助大家，他要我不必擔心費用之事。

一開始，我沒有想到要向他們提及我的學歷，一方面我感到不自在：在一個鄉間所在，提牛津做什麼呢？另一方面我想我的談吐及專業方面的顯現，使他們在一開始就非常信任我的能力，那與我是哪所學校畢業，並不直接相關。

因為他們的信任，所以我在這個叢林裡面，開始了探索的歷程。

我那所謂的「研究」，也有了方向可言。

10 再度前往偏遠地區小學——希頌刻學校（Sisonke School）

這個學校是整個義工計畫的一部分，它叫做希頌刻學校（Sisonke School）。我這樣翻譯，是取它「歌頌希望，並將其深深刻印於人間」之意。

它目前正在申請立案及等候執照的過程之中，預期應該很快會有好消息。

它目前也沒有一個真正的校址，現在所在的位置是一個大家都覺得不太理想的地方：學生沒有操場可以活動，只有一個停車場可以充其量當做他們的遊戲之地。

他們之中的一些孩子，是在饑腸轆轆的情況之下，仍看來精力十足，踢著那沒有辦法充氣的球，和同學們玩耍。

由於教室數量不足，課桌椅破爛，學前班甚至沒有課桌椅可以使用，小朋友們和老師們是蹲坐在地上上課的。

一二年級教室裡面的燈泡早已損壞，無法通電。如果遇到陰天，學生們就在灰暗的教室裡面畫圖；如果幸運，他們還可以抓著短得不能再短的鉛筆或者蠟筆畫畫；再不然，他們就會央求老師們給他們一些粉筆來畫圖，因為他們裡面有些孩子，連鉛筆或者蠟筆都沒有。

從這個校地俯瞰，卻可以望見沙灘、印度洋，和山腳下面的聖約翰港市中心，早晨的時候還可以見到日出，其景色之美實在難以言喻。

巧合的是，我的第一個慘痛偏遠地區國小經驗在台灣，當時，我所到達的就是一個瀕海的學校。不同於過去的選擇離開，在走入希頌刻學校的第一天，我就決心要在這一次的停留期間，盡全力協助此校的成長。因此，同樣面對了海洋的我，在心態和歷鍊上面，卻和當時初出茅蘆，在台灣首度接觸偏遠地區國小的我，有著較大的差別，雖然不到天壤之別那樣的程度，卻也不致於遇事而怕事、乃至於逃避所能夠承擔的任務及責任。

在希頌刻學校裡面兩位重要的人士是潔西卡和君兒，潔西卡是英國人，君兒是荷蘭、英國混血，她們都是希頌刻學校的創始成員。

一開始，有教學經驗的她們，選擇在聖約翰港進行當地兒童的課後輔導，輔導的對象有一部分是家境優沃的本地孩童。之後，因緣際會，她們遇到了希望進行社區改造的大衛，在共同討論之下，他們希望透過募款的力量，建造一所學校，加惠當地民眾。這就是希頌刻學校的由來。

學校的學生約略為六十位左右，分為幼兒園及一到四年級共五個班，但是因為只有三間教室，其中並且只有兩間教室有課桌椅可供使用，於是一間沒有桌椅的教室，讓幼兒園兒童使用；另外，一、二年級共用一間教室，三、四年級共用一間教室。

學生每天早上八點開始上課，先在一個教室之中舉行晨會之類的活動，全體一起唱歌、活動筋骨，同時，他們有一個特別的習慣：晨禱。他們全部一起禱告，大家閉上眼睛，享受一種安詳的氣氛。

希頌刻學校裡面的學生，來自四面八方，有些人甚至要來往步行一、兩個小時以上才能到達學校，但是兒童的父母們自從知道此校的成立，都期盼將孩子送到這個學校。為什麼呢？因為他們在這個學校的身上，看到希望。這使得希頌刻學校一開始所執行的「先到先贏」的註冊方式，吸引了許許多多父母的爭相參與，由於連搭車的錢都沒有，他們不辭勞苦從步行一趟甚至需要二至三小時腳程之遠的地方前去，期盼為自己的孩子，帶來希望。這些父母在潔西卡及君兒的逐一面談之下，告知了校方他們的孩子的家庭背景、是否為早產或者有其他身體狀況等等。面談雖然耗時費力，但是許多家長仍然希望自己的孩子能夠進入該校就讀，從而到校與潔西卡及君兒會談。

最後，學校礙於經費及場地問題，僅能招收一定數量的學生，此舉導致至少三、四十名兒童無法進入該校就讀。至今，他們仍在候補名單上面。

學費？學校本身真的收不到什麼錢，因為學校視學生家長的經濟狀況收費！如果情況允許，家長會到學校清掃及幫忙等等，代替孩子的學費。不過在我所停留的時間裡面，幾乎沒有看過這樣的家長，一般而言他們的生活較為清苦，不然就是為了柴米油鹽奮鬥，不然就是因失業而賦閒在家，而他們往往居住在離學校有一大段路的距離之外，專程趕到學校再回家，需要額外的交通費用，他們多半負擔不起。

由於視學生家長的家境收費，所以學校的財務當然是一大問題，沒有錢就租不到適合的校地，學生的課桌椅當然也呈現破破爛爛的情況，需要金錢及物資上的援助。

學校所採取的方式是信任，家長說他們的收入多少，學校方面就信任他們的說法。而這也不易造假，光看每個孩子每天攜帶到校的餐點、穿的衣服鞋子，就不難知道，全校裡面有經濟水平的戶數，並不在多數。不少孩子因為家境清貧是什麼也帶不了，什麼也買不起的。

學校的制式收費是每個孩童每月南非幣三百元，所謂「視學生家長的家境收費」，是學生家長們所付的學費，由南非幣零元到三百元不等。

當然聖約翰港和台北的消費水平，不能相比，不過在我的眼裡，三百元不過新台幣一千五百元。這就是一名學生一個月的學費。而這個地區的家長，就連這樣的費用也負擔不起，著實令我對他們生活水平之低，感到憂傷。

全校六十餘名的孩子當中，只有四位孩童的家長有能力付清學生每個月的學費。

因為這樣，學校必須積極籌措經費。光是目前的校地，一個月的租金就是南非幣兩千三百元。這個校地自然是不夠大的，學生現在的「操場」是一個可以當作停車場的地方，而且也沒有科任教室可以使用。然而如果要更大的場地，勢必需要更多的經費。

假設學校只靠學生的學費來運作，學校一個月的租金、教師薪水、經常項目支出，林林總總也要新台幣近兩萬元，從學生身上收不到學費，學校的財務當然捉襟見肘。

也許讀者朋友們會好奇：為什麼家長不讓孩子們上公立學校？

在南非的公立學校，一般而言，一年只要繳交約南非幣四百元的學費，實在比私校便宜，也比希頌刻學校的公告學費價位，便宜許多，但是南非的公立學校在一些當地人眼裡，是摧毀學生們學習動機的地方，也是教師們失去教學熱忱的所在。我不清楚公立學校辦學之好壞，是否有城鄉差距，但在聖約翰港這一帶，的確如此。

在我所訪問過的家庭當中，就有幾個孩子是在公立學校裡面飽受教師言語上面的摧殘，失去學習信心與動力，也使家長失去對公立學校信任感的例子。

再者，公立學校一個班級裡面有五十名左右學生，老師仍然可以體罰孩子，且除硬體設施不佳之外，孩子亦不見得有學習英文的機會，相形之下，希頌刻學校目前一個年級的孩童數量掌控在十名左右，老師盡量以民主方式教學、嚐試了解孩童的個別差異，學校又有英文課程教學，亦不時有義工前來學校協助，增進學生們的世界觀，加上學校能夠顧及學生的家庭環境，不強迫家長繳交全額學費，這些都造成希頌刻學校的顯著不同。

也正因為以上這種種原因，使我對希頌刻學校寄予厚望。我認為只要有辦法募到學校的必要性支出經費，學校可以增加班級，嘉惠附近更多貧困的孩子，為他們提供良好的教育水平，並且為這些孩子及他們家庭的未來，提供願景與希望。

長遠而言，希頌刻學校本身將增設各個不同年段，如五、六年級。

希頌刻學校也期望能夠增加國中部、職業專班。其目的是希望讓學生們有一個連續性的受教機會。另一個目的，是希望學生們能夠有謀生的專業能力。

潔西卡曾經在與我詳談學校狀況時告訴我，他們這些義工組織相關人員的期望是，當希頌刻學校邁入正軌之後，還可以再以相同的模式，在南非境內的其他偏遠地區，設立別的學校，為這些學校的老師們舉辦教師訓練，以期能使當地教師有教育他們本地孩子的能力。

目前學校開出九位家庭極度貧困的孩童，透過網路尋求資助他們讀書受教的善心人士。站在潔西卡的立場，也就是站在學校的立場，他們相當希望這些善心人士能夠長期資助這些孩童，直到他們學有所成為止。也就是說，一個月只要台幣一千五百塊錢，多年之後，我們會看到一位有希望、有抱負的當地青年，能夠為他的社會及這個世界，貢獻一分心力。

學生在比例上而言只有百分之一的白種人，其他全部清一色是當地黑人。大衛和若絲自己的孩子們，就在這所學校裡面上課。

除了潔西卡和君兒這兩位常駐的外籍人士之外，其他的教師們是本地人。

幼兒園由兩位老師負責，他們分別是芭芭拉和尼爾。一年級和二年級在一個教室上課，他們的老師是莎拉和賽門。三年級和四年級也在一個教室上課，他們的老師只有一位，她是妃歐娜。義工們來自四面八方，不過截至目前為止，義工以白種人為主。義工到來的時間不固定，人數也難以掌控。所以義工可以為學校提供協助，但是必須有良好的溝通管道，適材適所，才能將義工的效能，做最大的發揮。

學校非常需要義工的協助，就最基本面而言，有些學生的數學程度不佳，無法進行簡單的運算，或者他們的英文程度是零，連字母也不會，又或者他們因為年幼，還無法在大班級教室裡面安安靜靜坐著學習，這些都需要有耐心的義工們，單獨以一對一的方式，從旁輔導。

再者，義工們若有專長，尤其藝術類別如音樂、美術、舞蹈等等，是再好不過的，可以透過學校安排課程，讓孩童們跟著學習這些專長。例如這次的停留期間，由荷蘭來的湯姆很喜歡畫圖，他就把英文字母的代表圖畫了出來給學生，這樣學生可以一方面照著畫，再一方面可以隨時拿出來複習。或者例如學生及老師們對於中文實在是好奇到欲罷不能的地步，因此如果能有一套較好的辦法，能夠讓學校裡面有人教中文，讓學生們學習中文，也再好不過。

在這次停留的三個半星期裡面，大部分的時間我都待在希頌刻學校，因為教育是我最感興趣的一環。

在校時，我的工作其中一環，是協助只有一個人力卻要管理兩個年級的妃歐娜。妃歐娜是除了幼兒園的芭芭拉之外，另外一位擁有正式教師資格的老師，看她上課是一種享受，因為她優質的班級經營能力，可以把三年級和四年級兩個年級，管理得伏伏貼貼，學生又不會害怕或者抗拒她。

在一間教室裡面，妃歐娜讓三年級的坐在一排，四年級的坐在一排。有時我會幫她把其中一個年級帶到教室外面的空地，進行一些學習活動。有時當她自己帶領這兩個班級，她會先出作業讓四年級的學生發揮，並對三年級講課；課講完之後安排他們寫作業，再回頭對四年級的學生講課。

這種兩個年級一起上課的現象，希望在日後真正有了額外的教室和老師之後，能夠予以改進。

而我因為和妃歐娜相處的時間最長，我們之間也最有默契，我們常常閒聊，或者談學生的狀況，或者談假期時候做了些什麼。在這一次停留時間當中，我和妃歐娜之間所做的最重要的一件事情，就是在我的提議之下，進行了家庭訪問。

這場家庭訪問，使我對妃歐娜身為一位教師的氣度，更加欽佩，也使我無法把希頌刻學校的學生，從我的心版上面抹滅。

在生命裡，有些事件的發生，像是用粉筆一筆一劃寫在黑板上面，那樣清晰，卻又不是拿板擦輕輕一拭即去的，因為這些字被刻在了心崁之上。

如果你像我一樣，看到了那些孩子在什麼地方生活著，吃著什麼樣的三餐，有著什麼樣的家庭，你也會對那些學生，有著無比的牽掛。

我認為我所可以做的，不只是牽掛而已，我希望讓那些學生具備足夠的常識及知識，遠離他們目前有限的生活條件；或者，將他們的生活條件提升；又或者，不拿魚給他們吃，卻教他們如何釣魚。

這使得我的另外一項任務，格外要緊：擔任每週兩次的教師訓練課程講授者。

在這些教師訓練的場合，五位學校的老師們是一定到場的，有時候潔西卡、大衛、其他義工等等，也會參與。他們時而發問，時而提出意見。

我的課程主軸永遠是「分享」二字。

我的課程重心分為三大項，其一是班級經營手法，其二是教學活動設計，其三是以技巧性的方式，讓教師們思想自己的本位、肯定自己的本位，藉以達到鼓舞他們的目的，使學生由老師的健全心態中受惠。

這三者我認為缺一不可。有優質的班級經營手法，能夠使學生們在有效率的情況之下學習；有靈活的教學活動設計，能夠使學生們在枯燥的課程當中，感到活力與衝勁。而最後一項牽涉到了教師的心理層面，坦白說，老師也是人，老師也需要鼓勵，不管在哪裡都是一樣的，尤其這些本地教師在交通及各項設施不便的地區服務，更是需要別人對他們的肯定，才能使他們更加肯定自己的專業。

我永遠忘不了第一次為這些老師們做教師訓練時，我請他們談談目前這所學校最令他們憂慮的事情，他們幾乎異口同聲地告訴我「學校沒有證照」「沒有好的校地」這兩件事，最令他們發愁。

我也忘不了他們這幾位老師，如何希望能夠將自己的教學熱忱，灌溉在學生們的身上，卻因為他們的生長背景及求學背景，不能夠大量接受教學方法的刺激及產生創新的思想，而有些卻步，有些害怕，有些沒有自信。

但是他們仍然堅持有夢有理想，這也是我希望引導他們步入的方位。他們的夢和他們的理想，是希頌刻學校能夠不斷茁壯的源頭，也會使他們能夠跟著希頌刻學校一齊成長。

二年級老師莎拉的女兒，在希頌刻的幼兒園裡上課。

妃歐娜的兩個女兒，也都在希頌刻學校就讀。

妃歐娜告訴我，在希頌刻小學裡面，她看到希望。她讓她的女兒每天搭車約二十至三十分鐘左右，到希頌刻學校上課，是因為她要讓她自己的村民們了解，學校的改革有其必要性，教育對一個人人格及思想上面的發展，舉足輕重。她說她要抱持著對於教育的正面思想，做個影響學生的好老師。

有這樣的老師們等著我與他們分享經驗，我自然更加謹慎地選擇我所要授課的內容。

而我不覺得自己只是在與這五位老師做經驗分享。

我認為自己是透過了他們，在與那數之不盡的學生們作接觸。

那麼，我自然必須先讓我自己準備好，以便讓這些老師們準備好，準備好他們的專業，準備好他們的內心，準備好改變一個孩子的一生的法門。

我但願自己能夠真正有那樣的力量，可以為這些老師們做好準備。這代表著我還必須多多充實自己，更加謙卑地學習我所不知道的事務。

那麼也許有一天，就像潔西卡所說的，在希頌刻的發展日趨完善之時，他們希望前往南非其他的角落去從事教師訓練的工作。

那時，他們也會自信滿滿。

因為我曾經為希頌刻的老師們，做好了某一種準備。

我的另外一項工作，是英文課程的教學及教學經驗分享，以便讓其他義工也能夠進行英文教學活動。這是因為君兒正在待產，無法上課，而義工當中真正有英語教學經驗的人是我，並且大家也在嘗試之後發現，以英文為母語並不代表會教英文。然而我停留的時間有限，君兒也不可能馬上回來教書，可見我一定要讓其他的義工們做好準備。

另外，我也在潔西卡及其他老師過於繁忙，卻有新義工到來的時候，指派大家在學校裡面的任務。

最後，是我對自己的期許，我希望將這些發生在學校、發生在義工團體裡面的種種，寫作記錄，讓更多的朋友們，知道這些發生在非洲的角落的故事。可以想見，我的「每日行程」只有一個字可以形容：「滿」！

記得我在出國之前，旅居國外的舅舅及舅媽，正結束在中國旅遊的行程，回到台灣與親友聚首。當時，我們一面用餐一面聊天。對於我自己的南非之行，由於怕父母長輩擔心我的安危，提及我將離台之事，我不但說是要前去歐洲先進國家，而且說我將「出國進修」；編造這樣冠冕堂皇的理由，是避免橫生枝節，尤其避免造成長輩的憂心。那天我們談著談著，突然舅舅說：

「我們都知道妳很忙，出國去散散心、休息一下也好。不過，實在是不知道妳出國是不是真的要休息啦，說不定妳會更忙也不一定！」

這話也實在也太符合我的個性了。我非但不是一個愛玩的人，我也是一個要不停的做一些我認為有意義的事情的人。結果我當然沒有想到，在聖約翰港的一個學校裡面，我會給自己找來這麼幾樣工作，並且樂在其中。

我更是想起自己小時候非常愛哭，舅舅一個大男人曾經帶著我從桃園坐火車到台北，沿路我不停大哭大鬧，說要下車、回家……等等。舅舅把我拎到洗手間裡面好好地修理了一陣，回到座位面對鄰座的乘客，舅舅也不會那麼沒有面子，因為我已停止了哭鬧。

也許在那個時候，舅舅已經從連坐在火車上面也要哭鬧的我身上，發現我是個閒不下來的人了呢！

11 學校的幕後推手

簡單來講，希頌刻學校是一個南非的在地非政府組織所創立，這所學校在我前往夢他她的時候，是由若絲和大衛共同經營。

若絲和大衛是伴侶身分，他們也一起工作。

大衛，是因為擔憂他的國家的教育體系，擔憂他的政府故步自封的政策，而成為一位改革者的人士。

他也曾經在其他的非洲國家工作過，所從事的均是有關社區改造方面的工作。一方面他希望能夠幫助一地的居民了解如何自給自足地生產作物；再者，他希望教育居民，如何自行建造房舍。

他也希望居民們學習在飲食上面的均衡及營養。

他更加希望進一步開發教育相關的範疇，嘉惠一地的居民。這種教育相關的範疇，就牽涉到學校。

我告訴大衛，我希望到他所進行的義工工作場地協助，因為我此行的目的就是了解偏遠地區學校的種種，所以他看見我的時候，欣喜之情溢於言表。在他的天地裡面，需要的就是義工，而我對於教育相關問題的追索，在他的看法裡面，再沒有比到他所服務的場域來得更為適切的了。

因為他所服務的場域，他所希望改善的場域，是南非整個國家的發源地，也是最為貧脊的所在。

「可是這個地方已經被政客及有權有勢的人所遺忘，雖然南非是從這裡開始發展的。」他如此對我說。

於是我看到一位改革者，他充滿了理想、抱負，但又絕對的疲憊。

因為他的抱負，而負擔不起自己大女兒的學費。

因為他的抱負，而將自己的健康放在危險的地位。

因為他的抱負，而馬不停蹄無法休止。

因為他的抱負，使他在充滿壓力與緊張的氛圍中生活。如此的壓力與緊張，也牽動了與他生活習習相關的人。

是不是任何一位真心付出的人，都必須如此勞苦而疲倦，是我所想詢問的問題，但每當我看到大衛，我都看到一位身高大約一百八十公分、瘦長身材的白種人，在零亂的鬍渣和發紅的眼睛裡面，有完全的理想和完全的失落，那在現實環境與自我要求當中互撞的火花，在他的身體語言之中，展現得特別明顯。

和大衛困倦的面容相比，若絲是一枚爆發性十足的火箭，隨時處在戰備狀態，隨時得處理任何大小工作細項。

若絲體型纖細，身高約一百六十五左右公分，說話速度較快，肢體語言多元，尤其是手及臂部，在說話時習於左右上下移動。

若絲與大衛有超過十歲以上的年齡差距，大衛雖然扮演著兄長一般的角色，若絲卻也是位成熟的女性，她的女兒已經四歲，和大衛五歲的兒子，常常玩在一塊兒。

第一次看到若絲時，但覺她整個人閒不下來一般，有太多的事務圍繞著她，有太多的想法干擾著她。她的生活圍繞在帶領義工們到各個工作地點[1]、帶著孩子們上學放學，為大衛、他們的一雙兒女[2]、艾文[3]、及所有的義工們作飯。義工的人數不一定，但是少則兩三人、多則十多人，這全部的擔子幾乎都在若絲身上。更不用提她還必須去買這些作飯的材料及一般日用品。義工們雖然早餐自理，但如果沒有若絲將牛奶、奶油、花生醬、土司、雞蛋、水果……等各項備齊，義工們就會面臨斷炊的窘境。

義工們有時會出狀況，例如行程上面或者想法上面的改變，而若絲需要居間協調，並且試著滿足大家的需求。

孩子們有時會吵架，雖然大衛的兒子有褓姆[4]，若絲的女兒卻大部分時間是她自己帶在身邊。當他們兩人玩在一塊兒卻又起了爭執，若絲便時時必須進行調解。

這些瑣碎的事情，使得若絲幾乎沒有個人空間。

後來我才體認，大衛的想法是遠大的、是具有遠見的，但如果不是若絲將一切細瑣之事安排妥當、並且付諸行動，他們的計畫，不可能進行。

大衛是將藍圖策劃出來的人，他希望社區能夠成為自給自足的個體，而若絲是將每一個新的明天將要有什麼樣的行程安排，才能達成這個「自給自足的社區」的想法，付諸行動的人。

凡是人都會有失誤，大衛和若絲的配合，也會有失誤，但是他們已經相當盡心盡力，並且出發點是良善的，為了這樣，就算有什麼失誤，也應該是容忍得下來的。

當我一到達這個地方，就聽說了若絲的農場，但是一直到數日之後，我才親眼目睹這個農場的模樣。它在一個山坡地上面，從平地爬上去要花費大約半個小時的時間。農場的外面用鐵門鐵鍊栓住，裡面養了兩條狗，牠們被若絲訓練到可以驅趕猴子，以免牠們摘去太多果實，或者造成任何破壞。

鐵門後面是一片小小的山頭，種了無數的果樹，包括百香果、芭樂、柳丁、蘋果、芒果、荔枝等等，可說是應有盡有。我們每天在餐桌上面所食的水果，就是從若絲的農場來的。

而若絲，在樹上爬來爬去的摘水果。總是光著腳的她，把這一切都視為那麼輕而易舉。看著若絲在樹上來來回回，我想起人類在最初的時候，也是如此這般生活著，我更想起小時候自己爬在樹上的滋味，兩手攀在樹枝上面的感覺。

這些大自然所給予我們那貼近於原始生活像貌、乃至於貼近於我們內心的洗禮，都是所謂的「文明、進步」無法提供的。我們只有在最為接近自然的時候，能夠反璞歸真，探索我們實在簡單不過的內心世界，並且從自然界中的萬事萬物，體悟人我之間相處的道理。

農場裡面有那摘也摘不完的水果。農場裡面也有在台灣遍布的芭蕉樹。我看到兩隻弱小的蝙蝠，相互依偎，蜷曲在芭蕉樹中心的捲曲葉子裡面。因為我們的打擾，他們飛離了這個空間，一溜煙就不見了。他們借住在樹葉裡面，像兩個夥伴一樣，在裡面睡覺、在裡面休養生息。也許是期待夜晚的來臨。

這兩隻蝙蝠就像人一樣。有些人只是需要一個可以陪在身邊的夥伴。另外一些人只是需要一個可以陪在心裡的夥伴。因為這個夥伴，所以可以在不起眼的地方，安身立命，亦可以放心飛離原本的居所。

但我所不知道的是，這蝙蝠如果獨自生存，是否能活命？還是說，他們一定得倆倆相依？

若絲農場裡的作物，除了餵養了當地的野生動物，果實也送到教會等團體，部分則留予自己食用。在這個農場裡，她也試種咖啡，了解咖啡的生態，並且知道這是一種經濟型作物。她希望當地居民也能夠學習咖啡的種植和咖啡豆加工，進而賴以維生。

離開那座農場後，在我們下山的路上，我問若絲用什麼澆灌那些樹木植物。她說她什麼也不用。

「大自然是最好的田地，只要知道在哪裡播種。」

若絲說她希望這個世界上的人，了解土地與我們的關係。她說她希望人們學習將手放進泥土，感受泥土的溫度、溼度，土地與人的關係，土地與植物之間的關係。

若絲認為自己無法憎恨或者遠離一位吸食毒品者。一位吸食毒品的人正如同花叢之中的野草。雖然許多人覺得野草該除，實則，野草的存在對於土地有著必要的作用，在我們看不見的某時某處，野草對花朵或者果實，發生了作用。

若絲因此認為沒有除草的必要，正如同在生活之中，沒有必要排斥任何人、任何物或事，因為任何人都於我們有值得學習之處，哪怕這些他人看來，如此微不足道。

她並且認為現在他們所做的這些事，並不會在她有生之年，產生重大影響。要能夠延續這種社區改造的觀念，並且看到富足的成果，她認為那將是許多年之後的事。但是如果他們不斷持續，不斷努力，若絲相信他們會有新的創意呈現，透過這些，未來的人類，將得以享有更多福祉。

我不知道若絲和大衛所謂的「影響」，會是何種層面，但是我知道他們的想法，正是許多人們現在所進行的方向，他們一樣為了促使人類共同的福祉而努力著，他們也一樣希望這個世界會愈來愈好。

如何可以使這個世界的每一個角落，都有自給自足的社群，哪怕是在窮困的社群，人們的下一代，也有受教的機會，已經有許許多多的個人和組織，開始深思這樣的問題，並且提供具體的見解或者行動。

而對於大衛的遠見和若絲的執行力，一如我所言，它們不可能盡善盡美，但我由衷地敬佩他們，和所有其他與他們合作的人士，以及各方而來的義工。

這些人們的遠見和執行力，使我得以貼近希頌刻學校，了解這個窮鄉僻壤中，一所獨樹一格的小學。

註釋：

1 另外還有來自於澳洲的凱文，他受雇於大衛，在這裡幫忙義務工作的推展，自然也擔負起載著義工四處跑的責任。凱文是一位本來在銀行界服務的電腦工程師，但是他不想再待在都市裡面生活，也不想和大家一樣，成為高薪的上班族，因此自我放逐地到了非洲，並且選擇在南非落腳。他不知道他的下一站會是哪裡，但是他認同這個義務組織裡面的種種工作及其目的性。

2 若絲及大衛分別和他們以前的伴侶，有自己的孩子。若絲的女兒是吉兒，今年四歲，大衛的兒子是約翰，今年五歲。吉兒和約翰都是金髮白種人，上同一所學校，每天大半的時間在一塊兒相處，也睡在同一個房間。他們兩人之間沒有血緣關係。

3 艾文，滿臉的白鬍鬚、灰白的頭髮，也是大衛的工作夥伴。他是傑堤居的地主之一，大衛由他手中租下了傑堤居。原本大衛將阿瑪傍多背包客旅棧當作義工的住處，他並且也是阿瑪傍多背包客旅棧的經營者，但是因為阿瑪傍多會有其他非義工人士進駐，這些人往往會舉行派對或者徹夜狂歡等等，和義工的屬性不同，也多少干預了義工的生活，大衛因此決定找尋一個比較安靜的義工居所，也給他自己及他的伴侶居住。在巧合之中，大衛來到了離阿瑪傍多不遠的傑堤居。傑堤居位於孟三輔輔河畔旁邊，環境清幽，房舍位於整片綠油油的草地及大樹中央，尚有一小型游泳池、花園、辦公室、樹屋…等。長年以來，由艾文經營旅店生意。大衛和艾文見面後一拍即合，由大衛租小傑堤居，但是艾文仍然住在傑堤居裡面的樹屋。艾文在整個義工計畫裡面所扮演的角色，也相當要緊，因為他總在用餐時緩和大家的氣氛，會講些幽默風趣的話語或者軼事，惹得大家捧腹大笑。在假日或天氣晴朗的時候，艾文也會帶領大家到附近的風景名勝逛逛，讓大家享受大自然的野趣。有空的時候我也和艾文聊聊天兒，和他說話總是可以得到許多意想不到的收穫，可能是因為他比較年長，閱歷較為豐富的緣故。

4 擔任大衛兒子褓姆的妮娜，來自於德國，學習的是幼兒教育。她應徵這個褓姆工作並且前往南非，絕大多數的原因，也是為了開拓自己的視野，接觸不同的生活模式。

12 服務工作中的衝突與化解

生命當中最為美妙的事情之一，是我們在經驗上的累積。這種經歷也許不見得與年齡有關，因為經歷不一定是透過歲月的累積而來的。雖然歲月幫助我們累積經驗，但是，不同的經驗也可以幫助我們累積經歷。所以，密集或是深刻的經驗，可能幫助一個年少的人，快速成長，因為這個人在短暫的時間之內，讓自己接觸了許許多多不同的考驗。

經歷，也不見得是從書本上面得來的知識累積。日常生活之中經常性質事件的接觸與累積，也可以使一個人經歷他人所未曾經歷之事。

我們不太可能會愈來愈不熟悉我們的專業，除非我們的專業是一個變動無常的物事，我們永遠處在一種無法操控它的狀態裡，不過如果遇到這樣的狀況，我們當可承受更大的挑戰，因為我們不斷面對著不同的課題。同樣的道理，也在我們的人我關係裡面運行，我們從人我相處的過程之中學習到解決衝突的方法。而就算我們不工作或者失業，我們也會有一些其他經驗的累積，使我們在生命的場域之中前進。

可惜的是，在累積經驗的過程裡面，並不是每一個人都願意接受變動，並不是每一個人都能夠承受打擊，更並不是每一個人都可以用開放的態度，來了解他人、接受他人、原諒他人、進而愛護他人。這種需要了解、接受、原諒、愛護的課程，對許許多多人來說，相當困難。

而如果我們不能心甘情願地在這個生命場域當中學習這些課程，我們會感到失望、挫折、不能欣賞自我、不能欣賞他人，並且會以怨懟的態度，看待這個世界。

但學習是如此困難的一件事情，因為學習包括了自我突破，學習甚至包括了痛苦的經驗、不想回溯的故事，這些故事，在我們的身上發生，使我們愈益無法真正學習我們該學的課程，更不能累積我們所應得的經驗，於是很多時刻，我們停駐在某個原點，無法前進。

為什麼要說這些？

因為我想說一個故事。

這一次在希頌刻學校工作的義工們，在一開始的工作上，受到重大的打擊。義工們來自不同的國家，不同的背景，義工們來來去去，並不永遠長期停留。而在這個學期開學之初，來到希頌刻學校幫忙的這群義工，除了我以外，沒有任何人有教學經驗，他們更沒有接觸過班級式的兒童教育經驗。這些義工們所擁有的是不同的專業、高度的熱情。

希頌刻學校的導師們都是當地人，他們本身的教育過程，並不享有優渥或者良質的選擇。學校在二〇〇八年年初建立之時，也曾雇用完全沒有任何教學經驗的老師，來到此一學校服務。

義工們的心態是付出、服務，他們的自我心理建設可能比較強，因為他們生長於較為富裕的國家。迥異的生長背景，也使得他們有從事義務工作的條件。

而老師們的心態也是付出、服務，但是他們在教學上不見得有完全的信心。他們在學校校地仍未完善、甚至沒有學校設立執照的情況下工作。這些老師因為經費問題，有時還不能順利領到薪水。他們幾乎每一個人都要花極長的時間來通勤，因為他們居住的地點太過遙遠。簡言之，本地老師們面臨的是生活及工作上面的多重壓力。

當本地的老師看到西方世界來的白種人，常常以為他們懂得所有的事情：但事實並非永遠如此，因為膚色並不決定一個人的人品或者專業高度。再加上這些義工們多數是很有自信的。他們並且認為，小朋友們實在太可愛了。從這裡，我們可以嗅出相當的矛盾，這種矛盾是他們無法認知，單單一位小朋友是可愛的，但在學習當中、在教室裡面的一群孩子，卻不像是一個孩子般，那麼易於掌控。

當義工們進入一年級、二年級的教室，我想他們的感覺，和我在擔任代課教師的職位時，完全相同。當時我就是在台灣的偏遠地區小學，接手了一個低年級的班級，而這些南非的孩子和台灣的孩子，實在沒有區別！在沒有方法控管這些小朋友的情況之下，他們就是會像毛毛蟲、像小猴子一樣難以掌控，因為他們不斷的動來動去、甚至說話、吵鬧，有些人已經進入「打架模式」，開始互相拳打腳踢。義工們發現他們根本無法掌控這些孩子。

但是因為老師們在開學之初，不但忙於其他事務、亦在適應，又因為他們相信義工們的能力，畢竟他們看來如此的穩重，所以老師們把班級放給義工們帶。一堂兩堂之後，義工們簡直沒有辦法承受獨立掌控一個班級的壓力，所以，義工們以西方人的直接溝通的態度，把這些事情一股腦地反應給了若絲：若絲與他們共進午餐，在近兩個小時的時間裡面，他們幾乎談了所有的負面事件，甚至包含他們感到在學校的工作，占了他們便宜，因為義工們認為他們被本地老師們指使過來又指使過去，毫無尊嚴可言。

若絲希望立刻發洩她所聽到的負面消息，所以她馬上告訴了她的伴侶大衛，之後再告訴我。

大衛聽到了若絲的說法，馬上到學校找到了潔西卡，告訴她義工們的全然負面情緒。

潔西卡聽了之後對自己、對學校、對老師們，都感到失望。她認為扛在她肩頭上面的學校辦學，徹徹底底的失敗了。

然而，我卻不認為事情應該如此處理，所以，當若絲把義工們的情緒轉述給我聽時，她說她或者大衛要馬上去找潔西卡，立即和她談這件事情。我當下便告訴她不要衝動，先讓我到學校去聽聽老師們的說法；當天下午正好是第一次教師訓練，由我主講，我想利用這個機會向老師們稍微描述義工的想法。我完全不想嚇到這些本地老師，我的邏輯是，當這些本地教師了解義工的負面情緒之後，除了無法極快找到解決辦法，也不可能馬上使義工們好過一些，更可能以他們的心情影響學生的學習。

這就是為什麼我告訴若絲先緩一緩，先停止這種憤怒與不解的感覺，先不要只聽義工們的片面之辭。義工們有義工們的角度，應該也要了解老師們的角度，再來權衡此事。

不過，我卻不知道大衛已經到了學校找潔西卡，他已經把情緒垃圾全部倒給了潔西卡，並且為她帶來了沮喪的感覺。

之後大衛來找我談，問我對整件事情的看法。

我告訴大衛，所謂教育是一種長期的過程，任何人都要在過程裡面學習，我們身為成人，也一樣要學習如何解決相互之間的衝突，以期在這些衝突之中，突破自我的內心衝突，也突破與他人之間的衝突點，到達和平的境地。

我告訴他，我們可以選擇成為緩衝者，或者我們可以成為加強衝突感的人，端視我們如何處理事情。

我也告訴他，身為一位義工工作的帶領人，如果他不能學習把事情放遠來看，不能學習去撫平他人在遇到困難時的衝突感，不能學習慢慢的處理事情，那麼，沒有一件工作可以做好，因為大家將永遠在衝突之中做事，大家也無法和平相處。可惜的是他已經將情緒全部宣洩在潔西卡身上了，不過可喜的是雖然潔西卡感到自己的努力不受賞識，但是我和她談過，讓她知道義工們並不全體擁有相同的角度，抱怨的人也許只是少數，況且，如果將這種「抱怨」視為改進的力量，可能使得學校與義工的合作，更為順暢。

我也讓潔西卡知道，至少我非常認同他們的努力。在我的判斷之中，此刻校方的所有工作人員，上至潔西卡、下至每一位本地教師，都異常需要鼓勵！而這整件事情，只是測驗大家是否能夠使用一種比較平和的方式，處理不悅的情緒而已。過個一兩天之後，大家的情緒不再那麼衝動，就可以善加溝通。

是以，原本大衛和潔西卡安排第二天隨即讓潔西卡與義工們開會，讓雙方面對面就義工的不滿、學校裡面老師及義工應該做的事情、潔西卡的看法等等，交換意見。

但是我建議他們不要如此躁進。

我說情緒幾乎是從義工面來的，所以只要潔西卡和老師們在心態上面能夠調整，應該先處理義工的情緒即可。

我認為最好先讓義工們轉移注意力。整個的義工計畫除了學校工作之外，尚有其他工作得以進行，不必讓所有的義工每天都到學校去。

最後我們決定讓義工們在第二天，即週五，也是一週工作日的最後一天，到西康班尼去挖挖土、種種菜（西康班尼在後面有較為詳細的描述），轉移他們的注意，並且讓他們在週末，於阿瑪傍多背包客棧裡，好好休息兩天，休息完了再來談這個到校幫忙的問題。我還建議他們不必用所謂的「會議」那麼正式的名義來稱呼大家的會面，甚至可以安排個輕鬆的場合，如下午茶之類，讓大家在較為愉快的氛圍下談話。

潔西卡和大衛真的接受了我的建議。

雖然週末大雨不停，在阿瑪傍旅店多度週末的義工們，並不能真的在週日立即回到傑堤居，進行下午茶的會晤，不過週一一大早在早餐時，義工們統統被接回了傑堤居。潔西卡和薇薇安，即君兒的母親，也同時來到了傑堤居，與義工們談談老師們的立場，當面聽聽義工們的心聲。

這場會晤在輕鬆而愉快的情況之下進行，雙方都退了一步，沒有劍拔弩張的氣息，大家心平氣和地坐在傑堤居的餐廳裡面，啜飲著咖啡或茶，同時談著話。

而從那天開始，事情就運行地順利了起來。潔西卡和薇薇安設定了一個完整的表格，將每一位義工的職責劃分清楚，並且安排到底該何時進行課後輔導、何時進行課程教學協助。

教師們並且也都被清楚告知，他們不能將義工獨自留在教室裡面與學生相處，因為義工不會說當地語，而又不是所有的小朋友都會說英文，所以如果有義工在班上進行教學活動，老師們應該協助這些義工。老師們也有很大的容忍度，他們願意接受這些批評指教，並且在日後由義工帶領的班級活動之中，在場協助。

我私下告訴這些老師們，不管義工對他們的了解有多少，他們可以主動接觸這些義工：從知道他們叫什麼名字開始做起，進而了解這些義工來自於何方，為什麼來到希頌刻小學服務，未來有什麼計畫……等等。任何事之所以能夠達境，都是因為大家願意從最基本的相互了解開始著手，繼而進行到對於觀念的相互尊重，以及互助合作。

事隔多日之後，在這些校方人員，包括當地教師、潔西卡、薇薇安……等，慢慢與我熟稔之後，他們才真正將他們當時得知義工抱怨時的心境，全盤托出。他們告訴我他們當時忿忿不平的心境，認為這些義工簡直不知好歹，他們也責怪自己的疏失，認為學校辦學不力。

我很訝異的是，這些都在我的盤算之中，也為了不使他們的情緒持續惡化，更不使他們與義工交惡，所以我滿懷著和平解決該事件的想法，居中調停。

最後，事情竟然有了較為圓滿的結局！對我來說，在經過那麼多教學場合，遇見那麼多學生之後，我的學生成為了我的老師，他們教導了我「耐性」與「忍」這些不易學習的課程。而我，在南非的這件事情上面，竟然用上了這些我習之不易的課題！

在生命的過程裡面，總不能凡事盡如人意，但如果我們能夠學習讓步，加上一些體諒、一些了解、一些聆聽，那麼，也許我們能夠達成的，就是更佳的結果。

一旦我們累積了更多這樣的經驗，我們可能覺得更有力道，我們可能覺得更加歡喜，因為生活和生命的本質，如此美妙。

當大家都能夠和樂相處，甚至為了人類更加美好的前景而努力，這會是一個多麼充盈的歡喜世界！各位先生、各位女士們，這就是所謂「教育」的真諦啊！

13 多角化的義工組織

西康班尼和希頌刻一樣，是一個本地名稱，不過它的發音要較為困難一些。西康班尼在希頌刻學校往上走的山裡，開車大約還要四十分鐘才能到達。這個村莊也是教師尼爾和賽門的家鄉。

在這裡，有一個極有意義的義工計畫，正在進行。

而必須言明的是，由於在此番停留期間，我幾乎全程在學校裡面協助，因此西康班尼的計畫，我鮮少參與。是在離開前，大衛向我提出，希望我能夠抽空去看看這個地方，如此我才能更加了解他們的工作的全貌。基於這樣的原因，我在臨行前三天的上午，與其他義工到達西康班尼，並且得知其發展始末。

我的觀察及記錄，只有半天時間，因此以下我所言，可能於細節上面偶有誤植，尚祈見諒。

因為我有興趣的是教育工作，所以才花費大量時間與教師和學生們相處，這卻不代表西康班尼計畫乏善可陳。相反地，細細品味，這個計畫絕對有其意義深遠之處。

關於西康班尼的發展，其緣起如下。

有一位居住在西康班尼村落的婦女，知道大衛、若絲、及其義工組織，能夠替社區做建設工作，並且能夠協助她做果樹或者其他植物的栽培，因此找上了大衛。這位婦女在西康班尼的土地不但稍顯荒蕪，而且家裡還有感染愛滋病的家人，她的經濟拮据，同時面臨家人可能受死神召喚的生離死別之苦。

大衛及若絲經過評估，認為該地適宜從事義務工作及社區計畫，因此介入協助該名婦女。

婦女的土地經過重新規劃，若絲並且以她的園藝專業，協助其家人種植各種植物，其涵蓋範圍不但有經濟作物，尚有可以清血及有益健康的各種具有療效的植物。一段時間之後，作物成長，不但使此一家庭生計稍有改善，愛滋病患者亦經由若絲介紹服用由其土地所生長之作物，病情已見起色。婦女那原先需要長時間臥床、身染愛滋病的家人，至若絲與我說明此事時，已進步到能夠下床、甚至可以進行短暫的勞力活動（即工作）。

目前這片土地上面還種有可以解毒、治療感冒、腸胃不適等等的植物，亦即針對各種身體方面解毒排毒的各式藥材。

若絲並且特別將這片土地設計成能夠自引雨水灌溉、自行排水之功能，在此設計當中扮演重要角色的，據悉是某一品種的香蕉樹。

當地居民聽聞此婦女之土地獲得改造，並且成效極佳，均希望若絲的義工團體能夠協助其進行土地改良。是以，若絲決定與有興趣的義工，一同設計一本園藝手冊，其大小以便於攜帶為準，並以英文及當地語並列方式，繪出植物圖案，更進一步陳述各類作物具有的功能，以便當地民眾了解。她並且計畫以低廉的價格，出售這些作物的種子；出售的目的並非獲利，而是希望當地居民至少付出少許代價，如此，他們才能對作物有所期望、認真種植。

義工組織的希望是讓西康班尼地區的人民，了解土地及作物可以如何運用，以促進當地民生經濟的繁榮。

義工組織也希望當地其他更多的愛滋患者，能夠透過食療，得到病況上面的紓解、甚至痊癒。

義工們到達西康班尼時，在我所停留時間，是協助此一婦女以家園除草、翻土等等勞動性質工作，達到土地開發的妙用。亦有義工對於此種勞動性質工作，極有興趣。

在我那惟一一次前去西康班尼時，我們的工作是把兩塊雜草叢生的土地清理乾淨，義工組織計畫在數日之後，讓所有的義工們在該地露營，如此可以在那片土地之上醒來，第二日早上便立即開始勞力工作。

這位婦女對面的鄰居，是最先看到她家裡的變化的人，所以，他們也開始學習如何將他們本來棄之不用或者不知如何使用的土地，予以妥善利用。從而，這戶人家也學習到一些技巧，並且每日均以勞力的方式耕種或者改良土地，希望促進自己在生活上的便利性。

對我來說，最可貴是站在那西康班尼的高處，俯瞰著印度洋之景，而後，在太陽底下，把那片需要整治的土地上的雜草，盡數除光。說來簡單，看似容易，卻並非一件輕而易舉的事。有些雜草需要用手拔起，但大多數的雜草根本拔之不起，需要用剷子一點一點將根挖掘出來。

剷子非常沉重，我從來沒有握過，一握之下，才知道使力困難。但我又希望能夠幫忙。我希望在離開之後，當我的義工朋友們在那兒度過他們的夜晚時，能在平整的土地上搭帳蓬睡覺。所以我盡力地挖、挖、挖，挖到汗流浹背，手掌上面的手指根部，因為戒指沒有取下，還磨出了水泡。

一開始大家的進展雖然不太平順，只有凱文和若絲能夠把雜草的根真正由泥土當中翻出來，並且把土地整平，其他的人在筋疲力盡之後，也找不出如何將雜草根部除去的訣竅。但我一直沒有放棄，就算是大家累了或者前去用餐，我也沒有停止。

後來終於被我找到方法，而我也獨自將那片土地之中的一小塊，上面的雜草盡數除盡。

我想，我的義工朋友們幾天之後，必定能夠睡得安穩，因為土地經過大家的通力合作，應該會更加平整。

14 看看別人，想想自己

在英國求學時，我的一位同班同學、同時也是一位很談得來的好朋友，來自法國，她曾經告訴我，我實在很適合從事訓練教師的工作。她這麼說是出自於她對我的觀察。

不過我從來沒有認真想過這些事情，我也並不認為自己應該要特別從事教師訓練的工作，但是如果真的有其必要，我應該也能夠做到得心應手的地步。也許這就像我生命之中的很多事情，當時機成熟的時候，當它們要到來的時候，自然就會來到我的面前。

在前往南非的時候，我沒有想過自己會需要訓練教師。我沒有想過會到達希頌刻學校，遇見在專業知識上面仍然需要充實的老師，更沒有想過像潔西卡、大衛這樣的人，會如此需要我的協助，認為這個學校會需要我的幫忙。

當然，我已經忘記了剛剛起步的教師，會如何需要建言，會如何需要從相互討論之中教學相長，會如何需要別人給他們肯定。

就像任何一個在專業領域裡面剛剛開始的人。剛剛開始教書的時候，老師們也會緊張，他們也需要時間學習：學習如何教書，學習如何看待學生，學習如何評分，學習如何與家長溝通。

在協助這些老師的時候，在開始這裡的工作的時候，在我與他們的第一堂教師訓練課程裡，同時也是我訓練教師的處女秀的時候，我告訴那些老師們：

「你們必須自重，而且必須相信自己的能力。」

「我感謝你們在這裡教書，所以將使得這個世界變得更加美好。因為你們做的事情雖然看來很微小，卻因為微小，才能夠發芽、發光、發熱。」

「因為有你們，這些在如此偏遠落後地區的孩子，將有一個有希望的未來。」

我請這些老師們相信，每個孩子都是一個禮物，因為這樣，我們必須用心對待這些孩子。

我希望這些老師在走入教室的時候，是歡喜的臉孔。雖然歡喜，但不致於失去一位老師的威嚴，但是因為歡喜，而能夠使得學生欣賞生命的美好。

我告訴這些老師，每一個小孩都有他正面的特質，每一個小孩也都有他負面的特質。

我請這些老師認清這些孩子的正面特質，也請這些老師認清這些孩子的負面特質。

在這些孩子的同儕面前，教師的作用是盡量指出他們每一個人的正面特質，同時，利用這些正面的特質去轉化這些孩子的負面特質，使這些孩子變成更加健全的個體。

我認為組群及團體是重要的，如此可以幫助學生們互相學習。而且，學生必須從小開始學會分工，在團體裡面學習和人相處。

我希望這些老師們在認清學生的特質的時候，也知道如何替學生分組，讓學生們可以相互學習及成長、並進而解決問題。

我也希望我們一起想出一些象徵性的禮物，可以送給學生。例如送一顆小石頭給學生。請他們一定要在出拳侵犯他人、動物的時候，想想這顆小石頭，因為這是一顆特別的小石頭，這顆小石頭裡面，藏有學生自己的靈魂，如果他們要欺伍他人，那麼就請他們想想他們願不願意把自己的靈魂，像拋物線一樣隨處亂丟：欺負別人只會讓自己的靈魂，受到更大的戕害。如果他們任意處置自己的靈魂，那就像是別人任意處置他們的靈魂一樣，最後，只會得到無限的混亂和不安。

我是多麼的開心，當在場的老師們都覺得從我的課程和討論之中，得到了啟示，並且歡喜地離開了教室的時候。

然而在夜闌人靜的夜晚，我卻有了些許沮喪的心情！

我在思想台灣的英文教育，為什麼走到學生無法在公立學校裡面，學習到優質英文的地步。

我不認為問題完全出在老師的水平，雖然也許有水平有問題的老師。

我認為問題是出在制度面。

我們大言不慚地說自己是一個民主自由的國家，任何的制度，都有其修改的方法。但是從二〇〇一年我正式成為英文教師開始，到二〇〇三年我前去英國留學，再到我回國並且辭退國小英文教師教職至今已是二〇〇八年，這些年過去了，我沒有看到我們國民義務教育當中的英文課程，使學生得以脫離補習的惡夢；這也就是說，身為一個小康家庭水平左右的小孩，往往需要在學校的英文課之外，去補習班再上英文課，才能將英文學到一個比較成熟的地步。

二〇〇一年時我所教到的孩子如果是六年級，很快的就要二十五歲了。想一想，一個二十歲的青年男女，如果沒有較佳的英文能力，是不是缺少了與人競爭的本錢？而我必須說的是，在當時我所接觸的大部分孩子的家庭，父母即始是在都市裡面，也沒有送他們的孩子到英文補習班的能力或者想法，而如果是單單依靠這些孩子在當時的學校裡面的英文課，他們學到的東西有限，因為班上有太多學生，分散著一位英文程度極佳的老師的精力，這位老師是無法視材視性而教的。

當時，我甚至因為要管理學生的秩序，成了在學生眼中一位嚴肅的老師。

我的同事甚至感到驚異，平時看來柔柔弱弱的我，怎麼在專任教室裡面，沒有一個孩子敢為非作歹、吵吵鬧鬧？

我的確在實習階段，由別的老師身上學到很多班級經營的妙法，而且還會靈活運用，所以我的班級很少有吵鬧的機會。

沒錯，我可以嚴肅，但我寧可和學生們開開玩笑，與他們拉近距離，然而身為一位科任英文教師，如果我不能掌握學生的秩序，就不可能進行任何教學活動。當學生有了規矩，我與他們的距離，自然就遠了。這是我至今一直抱憾的事情，因為我既無法有效影響學生的英文實力，更無法讓他們在我的班上，像我在美語補習班裡面的教學一樣，能夠歡樂的學習……。

我們都需要了解的是，在美語（或稱英語）補習班裡面的小孩，可能會有比較快樂的學習經驗，不見得來自於一位白種老師的活潑逗趣，事實上，這位老師可能正除了活潑逗趣之外，沒有任何教學邏輯可言，也不會講述重要的文法概念。之所以小孩子們可能在美語補習班裡面有快樂的學習經驗，乃是補習班裡常常照學生的能力分級，而且通常，單個班級的學生人數是公立學校的二分之一以下，光是這兩個項目，就不是公立學校的英文課能夠比得上的。更遑論學習結果。

「一個普通收入、甚至低收入戶家庭的孩子，家裡沒有額外的經費可以供他上課後班或補習班，更沒有能力送他出國遊學及短期進修，在公立學校幾年下來，是不是能夠學好英文？」

這是我們國家的教育政策制定者，應該捫心自問的問題。我們應該妥善進行研究以及統計，在台灣現今的人口當中，有多少戶有孩子在台灣的小學及中學就讀，這些戶數當中，低、中、高收入戶的比例，學生英文學習成就為何，以及他們當中僅僅有多少個百分比，能夠負擔得了送孩子上補習班。我想如果經過仔細的研究，數據應該是極為驚人的。

問題不僅僅出在學習人數上面的偏高，也在於英文課的上課時間，每週僅有短短兩或四堂課。

拿國民小學來說，一堂課四十分鐘，如果小朋友們要到專科教室去，等上課後排好隊、到專科教室裡面坐好、安靜下來，有時已經去了十分鐘。很快的，整堂課就過去了。再者，每一個小朋友是和三十幾位小朋友一起學習英文，瓜分老師的專業能力和精神，這造成缺乏個人開口的機會。鐘聲響起，馬上就又到了和英文老師說拜拜的時間。

英文最重要的就是要「說」，學任何語言都是這樣，但是我們的制度限制了孩子們在口說上面的表達，導致學生無法有開口練習英文的機會，也漸漸不敢把英文說出口，英文能夠學得好才令人嘖嘖稱奇！

最令我震驚的是，在讀過文獻報導後、在前往希頌科小學服務之後，我更加了解，台灣在英文教育上面的安排，包括學生人數、課堂節數、甚至制度安排……等等，竟然會和未開發國家、甚至落後國家的安排，沒有太大的區別！想想我們在過去也曾傲人的國內生產毛額吧！即始面對全球金融海嘯，我們的人民都沒有大部分淪落到像英國人要去買超市裡面的過期商品、像法國首都巴黎的人們要穿著顯示一般生活水平的衣著，卻去撿垃圾堆裡面的食物來吃，號稱位列開發中國家之林的台灣其實擁有不低的生活水平啊，我們怎麼會把學生在英文學習上面的成果，弄得一團混亂！

我甚至認為，這些年來台灣的國內生產毛額不進反退，與國人的英語溝通能力普遍水平不佳，有極為密切的關係。也許在看待這件事情的時候，我是比較實際的，看的角度或者不正確，歡迎大家的討論與指正。只是我認為，我們必須大量聆聽第一線的、合格的初等及中等教育英文教師的意見。

我也確認，台灣在學習者紮根階段的英文教育再這樣下去，十年之後，托福成績還是全世界倒數。目前我在自己的托福（TOEFL）或者雅思（IELTS）班級裡面所遇到的學生們，有些人的年齡，就是二〇〇一年我剛剛進入小學教書時所遇的學生，長大後的年齡，而這些我現在所遇到的學生們常常在托福的表現上，遇到極大的障礙。當然你可以說托福有什麼，不出國讀書就好了，但可笑的卻是，正是那些要出國的中產階級家庭裡面出來的孩子，沒辦法考到良質的水平！這是不能小看的指標，因為托福考試受到雅思考試的刺激而改制了，它變得和雅思考試的難易程度，不相上下，更加希望進一步測試出一個人的英文實力。而會不會說一個世界性語言，代表的是國民的競爭力，如果台灣要讓世界聽得到台灣的聲音，不會說英文、不會使用英文，就永遠只能成為世界公民當中，沉默的一群。

會說英文還有說得好與說得不好的。

英文說得好的，容易辦事情，易於得到他人肯定。

不知道台灣教育體制底下出來的朋友們，敢不敢上街隨便找一位外國人，用英文和人家聊天？如果連聊天的本事都沒有，甚至如果連對別人的好奇心都沒有，尤其因為沒有外語能力得以溝通，那麼，大家常常掛在嘴邊的「與國際接軌」這個理想，實在不容易實踐。

我多麼希望我們的同胞，真的具有「與國際接軌」的能力，所以，從南非回國的時候，我急急忙忙約了我仍在小學教書的同學們出來，好好聊了一番。我想知道我是多慮了，我想知道前幾個月才訪問我的記者錯了，台灣莘莘學子的英文能力沒有被我們的荒謬學習制度給弄砸，他們的表現其實還不錯。

結果，我被自己的同學們好好訓示了一頓。

「妳還在作夢嗎？別傻了！現在學英文的年齡層，都已經降到小一，所以大家就更快放棄了啊，因為反正表現好的那些同學都已經學會了，我再怎麼趕也趕不上嘛！」

所以，要入大學的大學生拼不出單字，不在話下，因為有人連字母A到Z

都寫不出來，而我相信這是千真萬確的，為什麼呢？在小學裡面就是這種情形，有的孩子從小一學到小六，仍然不會二十六個字母，他們卻也不是學習遲緩的孩子，他們只是「被搞得很煩」而已！

也許因為這樣的現象，我永遠在補習班裡都有接不完的學生，永遠有朋友的朋友、學生的朋友的孩子、學生的同事本人……等等，三不五時問我「老師，有沒有時間替我（的孩子）上英文課？」你應該認為我會欣喜若狂吧？因為好像永遠有接不完的案子！但我可以告訴你，我寧可和我所教課的學生們談如何發展一篇像樣的講述或者寫作，以一些知性的題目，如「談溫室效應」或者「安樂死的合法與否」……等等，來做發揮，也不要一天到晚和學生解釋「第三人稱名詞及動詞的使用」，或者一些常用單字的抄寫。這些都是本來就該會的東西，怎麼會到補習班花額外的錢來學呢？

我認為以台灣的社會及經濟水平，應該要能夠有將國民整體的英文能力提升的決心，而且，這件事必須從小開始做起。要做好這件事情，卻不能再將英文學習紮根教育，視為一種宣傳、視為一種炫耀，如果再將英文紮根教育視為炫耀，只是告訴別人台灣的小孩自多小多小就開始接受英文義務教育，卻無法給小朋友們一個優質的學習環境，那麼台灣真是太可悲了，畢竟我們連問題的聚焦點都找不到！

相對比較之下，我待過台灣的小學，也待過希頌刻學校，就教學品質上面來說，如果要我選擇在哪一種小學任教，我寧可選擇任教於希頌刻學校，因為它是小班教學，我知道孩子的名字，知道他們每個人的程度，如此才能夠針對他們的個別差異，因材施教，而且，在我所待的短短一個月，就可以看得到孩子們的進步，哪怕只是一點點。然而在台灣的小學裡面，哪怕是一個學期下來，如果要抽問我六年十二班三號黃某某，這學期在英文科目的表現上面如何，我是無法具體說明的！人數眾多，我如何一一認識我的學生啊？

也就是基於這一點，我對於自己無法有效使我在國小教學所遇的學生們，學習合宜於他們的程度該學的英文，因此，感到對不起我的學生，所以才會辭去教職。並非是因為像一些朋友或同事所說的，我有了牛津的高學歷，可以多賺一點錢所以才離開：金錢的獲取並非每個人的首要目標！在我的追求上面，給予他人知識上的啟發，遠比賺取更多錢財有意義得多！而且一切錢財生不帶來死不帶去，戀棧又有何用？給予他人的啟發卻可以使這些思想像種子一樣，散播處處，何樂而不為？

曾有記者訪問我，關於台灣莘莘學子英文實力無法提升之事的看法。記者們的切入點是留學考試成績的低落。但是如果我是記者，我會向下去追索這件事情的根源，因為凡事都有其因有其果：台灣人的智力並不差，我們在許多方面的表現甚至比別人好，但為什麼會有英文成績表現低落的現象？

如果我是記者，我也會到荷蘭去採訪他們的英語教學工作，是如何從小落實，以至於他們能夠在全世界國家托福考生的分數平均上面，常常奪冠。我要了解他們如何實施英語教學，使得他們的人民可以說流利的英文、也可以說道地的母語。

如果我是記者，我更要去了解，到底有多少人，是當時與我同在第一屆取得初等教育英語教師資格，後來卻又求去？他們的理由是什麼？

如果我是記者，我還要了解的是，為什麼我們甄選初等教育英語教師的制度和方法，一改再改，且在一個小小的台灣裡面，竟然有各縣市標準不一的情況？既然標準不一，方法一改再改，學生應該會學得很好才對，可是為什麼事實不是如此？

語言能力是一個人的標章，就連我在擔任一名空服人員的時候，也因為英語語言能力更勝他人，往往能夠得到乘客或同行組員的尊重！如果說英語可以不必學，或者英文沒有學好對未來的發展沒有任何影響，那簡直是太過痴人說夢了！

所以有經濟能力的家長，知道現實狀況的家長，送孩子出國，再不然就是雖然孩子在台灣受教，卻一定要送美語補習班、或者延請家教等等，其目的就是為了增進孩子們的英文程度。

我不是說補習班不好，我也不是說家教不好，但是，當許多中產階級家庭都要靠送孩子到補習班或請家教，才能讓孩子的英文有一定程度的水平的時候，而且當我們的國家已逐漸步入已開發國家之林，我們的托福平均成績卻仍在世界排名倒數，我要沉痛而深切的詢問：這到底是怎麼回事兒？

而如果情況再繼續下去，我們的未來的孩子們的英文，又是如何？我們明明有能力，卻還要瞎子摸象，實在令我二丈金剛摸不著頭腦，百思不得其解啊！

若是我們的下一代外語能力普遍不佳，這不是一個世代的事情，也牽涉到國家的整體競爭力，這件事情的影響，極深極廣：以現行制度來說，自小學五年級開始，英文變成主科之一，但有至少二分之一的孩子們，從此時開始，便屬於受挫的一群，中學以後，更加對英文採取了放棄的態度。各位想想，一個中學生便放棄英文的學習，在如此年輕的階段便因為永遠趕不上別人的程度和老師的進度，而必須放棄、而學會放棄，這對孩子整體的心理建設，將是多大的戕害？當這些孩子長大成人，我們的社會也就有至少二分之一的人口，從小就有著某種自卑的情結。而這種自卑，竟然是由英文能力不佳所衍生！

假始你像我一樣，在各種公、民營機構上過課，在各種年齡層的教學場景待過，你會發現，英文能力的好壞，竟然可以取決一個人的自信心，而我絕對不是危言聳聽。英文能力不好的人不敢開口說英文，如果在他／她的工作場合裡面，有些許、乃至於大量使用英文的比例，可是這個人又沒有辦法把英文能力鍛鍊好，他／她最後會變得因為自信的不足，連講中文都結結巴巴！

當然，你可以告訴我，很快的，英文會被華語所取代。不過根據聯合國的統計，中文成為強勢語言，至少還要三、五十年。那時，現在的孩子也成了中、老年人。換言之，就現在的孩子而言，英文在他們的未來，仍然扮演了舉足輕重的角色。再說，會了中文這個困難的語言，又會了英文這個國際性的語言，簡直如虎添翼，何樂而不為？

令我憂心忡忡的還有，中產階級家庭的家長們，就算是剝奪了孩子娛樂的時間，卻還有這個能力送他們的孩子去補習班或者聘請家教，那麼收入較低的家庭，他們的孩子該怎麼辦呢？難道就讓他們的孩子在所謂的「國民義務教育」當中，平白無辜的犧牲了嗎？

有人會說，在台灣的國民教育體系當中，如果給英文老師太多如減課等的優待，對別的科目的老師不公平。我不知道這件事情該怎麼解決，因為我不是教育行政專家。

但我可以以我的專業背景和經驗，沉痛地告訴你，台灣的英文教育的重大敗筆，是因為我們以為英文教育和其他的專業科目一樣，可以統一教學，可以大班教學。

可惜的是英文是一個語言，語言需要運用，語言需要練習。大班制的教學，恰恰剝奪了孩子們的「開口說話及練習權」。

如果不能讓一個孩子在幼年、青少年階段，大聲而無懼地開口說英文，在日後他們成年的時期，就需要花上數倍的時間來彌補當年的缺憾。

現在的我在體制之外教書，就眼睜睜地看著我的成人學生們，花上無數倍的力氣和金錢，來縫補原本在年少時期可以培養出來的語言能力。

最令人驚懼的是，我的學生們的年齡層，從六、七歲到六、七十歲都有，我在大班上課或在一對一教學時，與他們相逢。他們當中不乏事業卓然有成者及高級知識份子，但是他們的問題如此雷同：不敢開口說英文，文法觀念處在混淆的階段，熟悉的英文單字量不夠大。這代表的是台灣在這許許多多年以來，英文教育一直有顯著而卻未曾被正視的問題。

我並不贊成一定要在非常年幼之時，便開始學習英文，而且這一方面的理論根據互有消長。贊成早學英文的人認為兒童的學習能力強，所以應該早點起步；反對一派的人說這種起步較早的方式，會對母語的認知產生大量干擾，而且最好是在自然的環境裡學習才好；根據一些研究顯示，年紀稍長再學習英文，可以使一個人懂得歸納文法，學習效果可能更加顯著。總而言之，年幼或者年長學習英文，利弊互見。

就我自己來說，進了國中才開始學英文，完全在台灣長大，並沒有阻礙我的英文發展之路，所以或早或晚，見仁見智。

我只是必須義正辭嚴地說：讓我們給我們的下一代，一個公平的英文學習環境，讓他們有效地接觸優良的師資，有開口對話的機會。

這樣，很難嗎？

一個曾經有過經濟奇蹟，是亞洲民主社會的一盞燈塔的台灣，竟然連這一點都做不到？

寫到這裡，也許我只能祈禱，我們的下一代裡有多一些的孩子，有強大的適應力，能夠從不佳的英文學習環境裡面，妥善學習新知。

再或者，讓我們祈禱這些孩子們，就算不能在校取得太多英文實力，就算不能上補習班，也願意用功的就著英文雜誌來日以繼夜不中斷地聆聽、學習，學習、聆聽，不輕易間斷。然後，像我和我的幾位朋友一般，用這樣的方式，拾起了英文這個外來語言。

是的，我不是說要學好英文，不能靠自己，但是我們必須想的，是如果多數在國民義務教育裡面的學生，都要靠自己的力量或者家庭的經濟能力，才能將英文學好，那麼，這個教育體制裡面的英文教育，是大有問題的。

如果台灣的英文教育環境能夠進行改革，那麼，我相信會有許許多多比我更有經驗及學有專精的先進，會願意提出他們在英文教學上面的豐富經驗，來促使台灣培育出眾多更加優秀的初等及中等學校英文教師。

反省至此，我告訴希頌刻學校的老師們，他們很幸運地能夠得到不少有心人士的幫助。

我也希望在台灣的、我的故鄉的英文老師們，所有的老師們，都有這樣的福份。如果老師們能夠得到更多援助，能夠發出更多聲音，我們就將見到更多知書達理的下一代。如果我們重視學生們的英文學習，台灣的未來，才能更有希望。

我期盼台灣的初等及中等英文教育議題，能夠獲得各界廣泛的重視。讓我們為了我們下一代的福祉，也為了台灣的未來，妥善利用台灣既有的人力，一起想出一套，解決現今英文教育瓶頸的辦法。

難嗎？

天下無難事，只怕有心人！

對於我當年所遇到的學生們，老師很抱歉如果我在你們的心目中，留下的是嚴肅而不苟言笑的形象！請了解老師當年所面臨的難處，也請了解英文是一個很有趣的語言，不管它因為何種殖民、或者統治精神，而成為了強勢語言，它都是個值得玩味的外語，只要你們願意細細品味，它就能夠為你開啟絕佳的視野！

也許再見到你們的時候，我仍然叫不出你們的名字，但是在我的心目中，你們都是珍貴的、上天所賜給這個大地的禮物！為了珍惜這種造化，為了那些教育決策者們不知道該怎麼給你們一個好的英文學習環境，請你們自己好好努力，為了自己的未來，多背一些英文單字、多理解一些英文文法！

如果可以做到這樣，你們的手裡，就幾乎已經握住了通往幸福之路的鑰匙！

15 非洲就是全人類的希望

學者已經表示過，人類共同的希望，在非洲這個地方；如果人類要延續未來的世世代代，非洲的發展，甚為重要。當然，這也是我必須前往非洲的原因。

在希頌科小學的時候，有一天週五下午，學校一點鐘就放學，太陽特別的大、天候也特別炎熱，我在早上就告訴若絲不必接我，我要和小朋友們一起放學、一起下山。至今為止我還沒有這麼做過，通常都有人接送我們這些義工，我們不必自己走路。但我之所以想這麼做，是因為這一次我的停留時間所剩無幾，我希望和學生體驗相同的感覺，希望知道他們下山的時候，一彎一拐究竟都走過了些什麼樣的路程。

其實早在兩天前，我也這麼做過，但我是請若絲在早晨送我們上學時，在山坡下面把我放下來，我走上山坡。那段路程是學生的上課路程，學生們走上山之後，進到他們的教室裡面上課、學習，而我想經過一樣的道路，感受一樣的風景，所以我下了車，開始慢慢徒步上山。學生們都已經在教室裡面了，所以我看不到任何一個小朋友，而我知道他們正在晨會時間，所以我可以慢慢地走，慢慢地享受我的個人時光。

有時候走一段路，並不需要別人的陪同，但是知道別人也曾經走過相同的一段路，無疑使我們更加貼近那些人的思想與生活。那些人在不在我們身邊，也不再重要，重要的是我們心裡面的那雙眼睛，能否觀想他們的存在。

當我走到一棵樹前，突然見到那上面有猴子正在爬來爬去，忽上忽下，我真的覺得到了仙境！那些猴子的毛是乳白色的，臉部呈三角形並且是黑色的，但外面仍然圍繞著一圈三角的乳白色毛。他們之中有一隻特別粗壯，坐在大樹的正中間，他左手挽著另一隻極小的猴子，並且不時替他抓癢，那隻小猴子極為享受地窩在大猴子的手臂裡面。其他還有大約三隻猴子，在偌大的樹木上面跳來跳去，奔上跑下，從不停止。偶爾比那隻坐在樹中間的大猴子小一點兒的猴子跑了下來，爬到大猴子和小猴子身邊磨蹭，但時間總是不久，才一會兒功夫，他們就又開始玩耍了起來。雖然樹木很大、葉子很濃密，我實在看不見他們的數量到底有多少，不過，他們真的很享受屬於他們的時刻、屬於他們的天地，那是什麼也比不上的！

到達學校之後，我照常開始工作，不知為了什麼，在上午十一點左右，我感到特別疲倦，也許這是有什麼感冒病毒在我體內作祟。

在學校裡面，某些日常生活當中的事項不是那麼方便，也使得我的身體必須適應與調整。在適應與調整的過程中，如果遇到狀況，也是在所難免。學校裡面只有一個洗手間，這個洗手間專供女孩子使用，不過它的馬桶可能對孩子們來說過高了一些，造成地上每每呈現骯髒狀態。辦公室裡面也有洗手間，不過辦公室在較高一點的地方，有一點點距離，這造成了我在如廁上的不便。

學生們在八點鐘開始晨會、上課，到十點鐘下課，這時，他們有半小時的休息時間，在這段時間裡面，他們可以吃自己從家裡面帶到學校的點心。如果我帶了早餐，如果我也帶了筆記型電腦，那麼我就不會離開教室，因為我用筆電書寫文章，人如果不在旁邊，好奇的學生們是否會不經意對電腦做出什麼事，是很難說的。

如果我趁這段時間在教室裡面吃早上來不及吃的早餐，而我看到了沒有帶早餐的孩子，就會忍不住分人家一些東西，最後，自己沒有吃到什麼、有時更是不好意思吃！這實在是慢慢才能體會出來的事情，並非一開始到學校的環境裡面，就能夠察覺不是每個孩子都有早餐可吃。

人與人果然是需要經過相處，才能夠看到對方的更多層面。

中午的休息時間也是如此，我懷疑有些孩子的父母可能根本沒有錢為他們準備午餐，更不要說是早餐了！所以我一旦是待在教室裡面，就在吃東西上面有著不規律的方式，有時候可能一早上沒吃東西。

就飲水來說也是一樣的，因為教室外面沒有飲水機的設施，要請孩子到辦公室去為我倒水，又得麻煩其他的義工們幫忙，他們可能各有各的事情要忙。我不想麻煩人，所以有時索性飲用水龍頭裡面流出來的水；在南非可以生飲水源，但即始如此，因為在山上，我還是有一點兒害怕，而且我喜歡在教學時飲用熱水，從水龍頭裡面接出來的均是涼水，上起課來無法達到我所希望的潤喉功能。

雖然有這麼多不便，但我實在希望能夠在學校裡面多待一些時候，多了解這些孩子，多認識他們，多知道他們的來歷和喜好，多與他們相處，並從旁觀察教師們的上課模式，在適當的時候予以協助，所以我在所有的義工計畫之中，花上最多的時間來參與學校事項。

當參與到某一個程度，就會愈來愈加投入，最後，我認為自己必須常常和孩子們一起下山、一起放學，所以這個週五變成我第一次與孩子們一起放學的日子。我想和學生們一起放學回家，雖然我們的目的地不同，雖然我有些感冒的徵兆。

當一名教師，不一定得在教室裡面陪伴學生，在教室外面的陪伴，有時更有它的實質意義。

如果學生不急著回家，我也想讓他們帶我到鎮上走走。我從來沒有到鎮上逛過街，每次總是坐在車上，來去匆匆地經過了小鎮的市集。

一般而言我是不太在國外逛街購物的，除非有特別的必要。但這一次，我卻有相當程度的需求，因為我的腿上長出一個奇怪的顆粒。這個顆粒原本是一個小小的息肉（原諒我吧！我缺乏醫學常識，所以也不知道自己講得對不對），長在我的右大腿上端內側，不知道什麼原因，也許是在旅遊的時候太常穿牛仔褲，我本身又喜歡以走路來運動，再說非洲的氣候自然比之於亞洲不同，所以可能在一直磨擦的情況之下，這個原本微小的息肉發炎了。

它開始變成一個水泡，破掉以後，裡面的紅色肉體曝露在外。

並且，它還蠻痛的。

一週之後，它還在那兒，可是我又不想到當地去看醫生，所以不斷的自己擦抹一些碘酒等等。不知道這樣是不是愈弄愈糟了呢？不過至少它沒有惡化，雖然仍然疼痛。

而這次我的旅行並沒有帶裙子出來，長的短的都沒有，只有一件雖然大家都說好看但我把它當睡衣的洋裝。因為這件事情，我特別感受到裙子的重要性，所以日後旅行，我一定必須隨身攜帶裙子。

有一些平時習以為常的物事，看來不大重要，卻在最需要它們的時候，發現它們不在身邊，這時才能了解，這些事物，原來如此要緊。

我告訴若絲我的腿上有傷，不適合再穿牛仔褲，她一聽之下馬上拿了兩件裙子借我。其中的一件很合穿，另一件是圍起來的式樣，而它綁的方式只是輕輕卡住而已，沒有我一般穿的那些有線繩可以拉住，所以我覺得穿起來沒有安全感。總之，我只從若絲那兒借到一件裙子可以替換，我不想再開口借，所以單一的一件使我有換洗上的不便。我按自揣想，如果到鎮上走走，說不定會看見自己喜歡的樣式：這是我和學生們一起放學下山的第二個理由，找件合適的裙子。

就這樣的，我和這些孩子們一起下山放學，一起走路。

那段路程真是美好的回憶！他們應該覺得非常歡喜吧？從來沒有一位老師和他們這樣一起放學下山過，所以他們十分開心，一路上跑跑跳跳，並且不時要我學他們的語言、跟他們說話。

步行約十五分鐘後到了山腳下，有些小朋友要從不同的方位行走，於是我們揮手道別，有些小朋友去了這兒，有些小朋友去了那兒，他們慢慢回到自己的家，雖然他們大部分的人都要走很遠的路。

不過還是有四個孩子說他們不要回家，要跟著我，我確定他們這麼做不會使得他們的父母過度擔心，於是帶著他們上路。

也許正像一位義工說的，每次我出了門，身邊就跟著狗、要不然就是一群小孩子；只要看到一群狗兒及小孩子跟著一個人，那人多半是我。狗是傑堤居的四隻狗其中兩隻左右，小朋友們是當地的孩子，要不然就是我的學生們。

那一天我們在市集裡面走，四個小男生和我一起，黑人與黃種人，這創造出了一種不同的、引人注目的景象。

我先把他們帶到了超市裡面。首先我們走過了飲料區，他們都想喝可樂，不過我告訴他們可樂的營養價值沒那麼高，應該喝牛奶或者果汁，不過他們絕對不願意飲用牛奶，所以我說那麼至少喝點果汁吧！於是我們買了一大瓶果汁，接著我們到了麵包區，面對各式各樣的選擇，他們在那兒爭執了一陣子，吵著到底要買哪一種，最後他們用剪刀石頭布來決定選項。

用剪刀、石頭、布來決定，使得他們格外興奮，因為他們那天早上才從我那兒學會了如何猜拳，而他們從來沒有學過如何猜拳！我教他們說paper, scissors, stone, 同時比出其不同形狀。

他們很容易在出剪刀時出錯，因為他們會比出一根食指、一根姆指、或者三根手指的形狀來代表剪刀，真的很可愛！練習了一陣子之後，他們就不停地這麼玩著並且愛上了猜拳遊戲了。我們在超市裡決定要買哪一種麵包時，他們就興奮地大聲說paper, scissors, stone，玩來玩去之後，終於我們買了一個圓形的特大號麵包，分有好幾個部分，他們可以掰開來分著吃。

我隨便在裡面逛了一逛，最後他們每個人手上拿著不同的東西：果汁、麵包、我的一個優格、還有一個他們在零食區所挑選的，一包辛辣口味，像乖乖一樣的零食。

我是要請他們的，因為那時已經下午兩點左右，他們都還沒有吃東西。我的背包裡面有一個早上做好的三明治，但是那不夠他們吃。而如果他們要走另外的一、兩個小時才能到家，那麼就代表他們根本沒有東西可以吃，因為他們沒有錢！

付完帳之後我們在市場外面的椅子坐了下來。那個地方有些髒亂，地上有著垃圾，不過我實在不在乎那麼多，過大的太陽使得我有些口渴，而且我也餓了，坐下來喝些水會使我比較舒服。

就連我們坐了下來，也吸引了很多人的目光。

我幫那四個孩子分了麵包，還讓他們把自己的水壺拿出來分果汁，最後，他們開始狼吞虎嚥地吃著麵包，喝著果汁。

我看到他們滿意的神情。

這四個孩子分別叫做巴添、馬鴻尼、庫馬山、以及傑利安。巴添和馬鴻尼不會說英文。

庫馬山的英文能力最好，他不但能聽能說，也能寫能讀。

傑利安的情形非常特殊，他會說也會聽英文，乍看之下，他的英文語言能力實在再好沒有，可是他卻幾乎不會任何英語字彙，更寫不出什麼英文，是閱讀及寫作能力都有問題的孩子。

那麼這種極佳的英文口說及聆聽能力，來自於何處呢？

因為傑利安有超級的販售能力！他的語言能力就是從和觀光客交談之中，訓練出來的：他多半必須以英文和觀光客交談。

傑利安是四年級的學生，不過他已經十二歲了，他比其他的同學大了三歲左右，他沒有上學的原因在當時我還不是很清楚，只隱約聽聞他的母親希望他替家裡賺錢，於是讓他每天去觀光客往來的地點賣家裡手工製作的串珠手飾、其他飾品等等。

在傑利安的性格上面，你可以看到絕對的開朗、完全的微笑、完全的體貼。即始他很調皮，不過他卻永遠掛著笑容，他永遠顯得極其正面，他永遠給人一種溫暖的感覺。因為這樣，他在鎮上是銷售業績最好的售貨員，他的串珠總是第一個賣完。

原本傑利安沒有上學的生活，就會如此延續，他將永遠在海邊賣串珠，但是他的鄰居莉莉婆婆知道了大衛及潔西卡要設學校，也知道他們願意接納家境不佳的孩子，所以她勸傑利安的母親讓他上學，並且每個月給學校全額學費的一部分，資助傑利安在希頌刻學校讀書。我和莉莉婆婆談過，她說傑利安沒有父親，母親和外婆都是不錯的人，但是他們從來不給傑利安任何擁抱、鼓勵，也許這就是一有機會，傑利安會那麼喜歡於被人擁抱的原因：他是那麼需要被愛。而我在教學的時候只要一下課，就會告訴這些孩子過來讓我抱一抱，傑利安總是最為熱切地一把撲上了我，捨不得放開。

所以當我們一起吃完了零食，而且當庫馬山把零食分完、將剩下的裝在他的包包裡面，說他必須去趕搭小型巴士才能回家的時候，就剩下傑利安一個孩子能夠幫我跟另外兩個孩子溝通了。

庫馬山是一個很聰明、有點傲氣、又坐不住的孩子，他的舅舅是一年級的導師賽門；上課的時候，我常常請庫馬山幫著我替學生們翻譯，把英文轉成他們的母語。不過也因為他常常作怪，我也罰過他很多次。最讓他同班同學興奮的一個懲罰，是有一天我突然靈機一動，在庫馬山又做怪的時候，讓他到全班前面站好，並且請班上的一位小女生出來拉著庫馬山的手，讓全班為他們計時三十秒。這時，庫馬山他黑黑的臉蛋微微地紅著，很不好意思自己的不當行為，惹來這種令小男生們感到不舒服的懲罰，全班同學是又笑又叫，精神振奮地為他計時。但我這種應該讓庫馬山感到羞愧的懲罰，非但沒有讓他離我遠一些、怕我一些，看起來庫馬山反而更加喜歡跟我相處。

庫馬山和我們道別之後，我問傑利安及其他兩個孩子是不是還要和我一起逛街，他們都很興奮地說要，於是我們又上了路。

小鎮的方圓不大，但我們一間一間慢慢的晃，也逛了蠻久的時間。由於傑利安是惟一可以和我交談的孩子，他也最擔心我的動向，例如我該怎麼回家（因為義工的車子已經開回傑堤居，他擔心沒有人接我）、或者我在哪裡可以買到我想買的裙子等等。我則擔心這些孩子肚子餓不餓、渴不渴、開不開心……等等。

我們每到一間店，他們三個人就找裙子給我看，尤其是傑利安，他會不斷的說Teacher, this one! This one!並且還要我與他猜拳，意思是如果我輸了他贏了，那麼我就該買他所說的那件裙子。他到每一家都這個樣子，另外兩個小子也開始學他，拿鞋子給我看、拿衣服給我看、什麼都統統拿來。最後傑利安還拿了內衣給我看，我哭笑不得，請他把商品統統放回去。

就這樣，在他的叫聲裡面Teacher! Teacher!又是這個又是那個的，我覺得自己像在家鄉一樣自在，不斷地笑著，不斷地與他們三個說話，也不斷地詢問店家我所想要的款式。我們走過了好幾家店面，裡面的店員看到我們都不覺莞爾，最要緊的是我們真的很開心。

有一家店裡面的中年婦女店員看到我，馬上滿臉笑容。她說看到我就很開心，她說這是因為我look nice，我知道從這位本地人的眼裡看來，我應該還算友善、而且長得還可以吧？

我們在路上遇到了君兒和她的母親薇薇安，大家交談了一陣。我們還遇到了學校的老師賽門和他的姊姊，我們也交談了一陣。幾乎是在我們逛街行程的最後，我們來到一家店，逛了一段時間之後朝櫃檯一看，老板居然是黃種人！我趨前和他們攀談，他們是來自於福建的中國人。真沒有想到在這個小地方會有中國人開的店。

離開了這家店，我目送著這三個孩子踏上回家的路，他們一溜煙地跑走了，留下我在馬路邊與他們揮手道別。

一切的發生都如此自在而平順，像是在自己的土地上面，有某種寫意而又自在的故事發展著。

傑利安是他們村裡面被大家稱呼為「金童」的孩子，因為他太會賣東西、為他的母親賺了許多的錢。

而我不斷地想，這三個孩子和我，或許正是因為傑利安這個金童的關係，有了一個愉快而活潑的午後時光。

他們是如此無私地對待著我，讓我在艷陽高照的午後，感受到無限的溫暖，感受到無限的被依賴和依賴，感受到無限的愛。

我告訴傑利安要用功讀書，希望他把英文學好，能寫也能讀。我希望他一直這麼開心下去，有個充滿喜樂的人生，懂得知足常樂，並且願意將幸福分享他人。

我也希望巴添和馬鴻尼也學會英文，日後我可以直接與他們溝通。

希望不見得看得到，希望是一種默默發聲的物事，在某一種時刻，就要使得局面，變得更加完滿。而此刻我所看到的，是金色的希望，在大地緩緩升起，直到天際。

16 教育提供了希望的可能

能夠由物質的誘惑當中抽身，進而懂得欣賞他人，愛人，和善地對待他人，是需要學習的。

國中時候為了生物課的標本製作，我三番兩次到家前面的山裡，為的是捕捉各種各樣抓得到的昆蟲，諸如蝴蝶、蜜蜂、蜻蜓等等，把牠們拿來製成標本，並且給老師打分數。

日後當我回想當時的情景，不由得為那些生物感到悲傷。如果我們這麼多的孩子都去捕抓昆蟲，這些昆蟲也就因我們而逝去，毫無原由。這和日本人以研究的名義捕鯨，又有什麼不同？中國人的古諺「莫以惡小而為之」，應該代表的是小惡亦不可饒恕的道理。殺了昆蟲和殺了鯨魚，沒有太大差別，他們都是無辜葬送在人類自私行為上的生命。

我不是聖人，我會犯錯，我亦無法具體了解人類嗜血的本性，但是我卻在小朋友們的行為上面，看到了更多的端倪。

在希頌刻學校的小朋友們，下課的時候無意之間發現樹林裡的猴子，於是興奮不已，他們抓起石頭，朝猴子亂砸一陣，並且開懷地笑著或者怒不可遏的瞪視著那些猴子。我不知道這有沒有任何文化上的背景，例如猴子總是偷了他們父母所種植的作物，所以他們看到猴子要如此強烈地攻擊。他們大多數小朋友的英文還不到可以真正溝通的程度，立時讓他們過來和我談這些事情，恐怕也說不清楚，所以我無法與他們溝通此事，不過，這讓我想起自己在小時候和同伴於放學回家的路上，常會看到田野旁邊偌大的蝸牛，這時，大家會不分青紅皂白，將石頭拿起，然後把蝸牛砸得皮開肉綻，彷彿從中可以得到快感。類似的感覺，也許便是那些砸猴子的小朋友的感覺。

人類似乎不喜歡看到我們自己之外的其他物種，健康地活著。這也就是為什麼在不到一個世紀之前，人們還如此熱衷於打獵的原因。要不是溫室效應已經成為全球所關心的議題，人類可能仍將繼續進行大規模的動物獵殺行動。

我這次所參與的服務工作，居住地點叫做傑堤居，傑堤居處於名為「孟三輔輔」的河流旁邊，就當地話而言，「孟三輔輔」指的是河馬，代表這條河流在早期是河馬的居住地。

孟三輔輔這條河馬川，直接匯入印度洋。河流與海洋的交會點，就在不遠的下游之處，沿途山巒並排，點綴樹叢及巨石，水面波紋輕撫大地，藍天之中間或有白雲飛舞，風光明媚而不豔麗，景致氣闊卻不雕琢。

我不時想像當孟三輔輔河畔兩側仍未開鑿馬路，白種人仍未帶著他們的槍枝進入內陸射殺河馬時，當地該擁有何種原始風貌，該擁有何種山水奇景。

然而，縱始我所處的地理位置，已經是南非偏遠地區的鄉村，孟三輔輔這條河馬川裡面，也已經找不到河馬了，原因就是有那麼一段人類以玩樂目的而謀殺動物的時光。

甚至曾有一段時期，殺河馬只是為了用光子彈，沒有其他任何目的。

現今要看野生的河馬，就是在南非，也得到國家公園裡面去看受到保護的河馬，野生的河馬就當地人的說法是，在南非已經無處可尋。如此看來，人類花了一段極為漫長的時間，才能理解西雅圖酋長在一八五二年所書予美國政府的信件內容。

酋長提及，地球上面的每一寸土地，在他以及他的同胞眼中，都是神聖不可侵犯的，所有的河流，都是他們的手足。如果有人要向他們購買他們的土地，那麼，他們應該教導他們的子子孫孫，而西雅圖酋長和他的同胞，所教給他們子孫的是：學習尊重地球，因為地球是人類的母親。

酋長進一步強調，人類並不擁有地球，人類只是地球的一部分。

彷彿可以透視未來，酋長提及，如果最後一位紅種人消失了他的本性，如果最後一位紅種人不再記得他的先祖，清澈的河流會消逝，紅種人的本性，也將盪然無存。

不過，征服者的自大，是聽不進這些話語的。

人類征服了他們所想征服的人、動物、植物，讓他們照著統治者的腳步走，全體變成雷同的模樣，即始他們的膚色不同，即始他們曾經說著不同的語言。這是為什麼英文成為全世界共通語言的原因！這沾染著血的全世界共通語言的來處，竟是帝國主義！而今，似乎我們再也救不回那最後的紅種人，我們再也救不回那已經消逝的諸多語言，我們更再也救不回那些已經絕跡的物種。

當所有的人類都一樣，一樣對於土地山川有著無比的開發決心，這個世界的壽命，便將走到盡頭，而人類仍然在開發土地，人口依然在增加。我們學習如何保護地球的速度，遠遠比不上我們破壞它的速度。

不只是對於物體，對於人類，人的嗜血性情也不能消失。事實上，人類在看到自己的同類過著比自己好的生活，或者似乎享受著自己所不能享受的種種時，也往往有著極大的情緒，這種情緒排山倒海而來，造成眼紅嫉妒，造成弱肉強食。

而如果我們看到小朋友們如何對待他們的同儕，我們也會無比訝異，尤其他們仍在年齡較小的階段，常常必須經過提醒，才不致於打來打去。這讓我想起我們在年幼時候，會和我們的手足相爭、吵嘴、打架等等，這種行為有時延續到我們成年之後。小時候我也曾經被班上的問題學生恐嚇，在內心充滿了無限的恐懼，卻又不敢向大人吐露。這種以強欺弱的情勢，在人與人、國與國之間，履履發生。

如果不是因為教育、學習，我們可能永遠無法脫離那殺戮的性情。

正是因為教育、學習，我們的生命有了包容的視野，我們能夠學習同理之心，不致於過度懼怕那所將發生的未知。

因為教育很重要，也因為我們都知道教育很重要，我們每個人往往花上超過十年的歲月，在學校裡面上課，在學校裡面學習。

而我們花費如此冗長的時間來上學，尤其亞洲諸國的部分學生，甚至還上課後班、補習班等等，造成高比例的近視族群，到底，我們所學到的是什麼？

我常常想著，不知道冗長的求學生涯，是否有其必要。

我也常常想問，真理是否只有學術殿堂，才能証得？

也許最真實、最深刻的道理，只在最為純樸自然的一片山明水秀裡面，便能悟得。

而也許我們要教導兒童尊敬大地，我們就該讓他們讀一讀西雅圖酋長寫給美國政府的那封信，理解其中的精髓所在。

17 我們都以為不會有問題，實際上，我們的問題說不定比非洲還嚴重

前面曾經提及學習環境。學習環境裡面，也含有語言環境。

就語言環境而言，在某一個語言環境裡面長期受到薰陶，那麼，在這個語言上的表現，就較容易受到影響而變得更加流利。學習環境也是一樣的，如果我們的學習環境佳，莘莘學子便能夠受益，但是，如果我們的學習環境有障礙，那麼，我們的下一代只好在不健全的環境之中學習，甚至可能飽受摧殘。

學習環境不是不能被改變的，相反的，學習環境會因為眾志成城的力量，化腐朽為神奇。

但先前已經說過的是，教育是世界各國的問題，如果我們花時間或有機會去了解其他國家的教育體制，我們會發現任何國家的教育都有其制度上的缺

陷，就像任何一個人一樣，世上沒有完美的人，教育制度的缺陷是正常的。

然而，認知教育制度上面的缺陷，進而從事反省，再從而進行調整，以使該教育制度適合兒童、青少年、青年的發展，是一個政府的重責大任。這是為什麼我們會稱教育為「百年大計」的原因：教育必須是長遠而有力的計畫力與執行力，並非短期而突然的決策性及政策力。

而現今台灣教育制度上最大的問題，不單單只是高等教育的浮濫，造成競爭力喪失的問題而已：這是一個吊詭的邏輯，原本高等教育的普及，應該帶來的是更高的競爭力，但是，正因為高等教育的普及，使得學生們只好往更高的學位挺進，使得他們在數年的課室理論學習之後，並無一技之長。

換言之，台灣把技職教育的層次忽略，反而全然著重學歷取得的變相發展，使得大學學歷輕而易舉能夠到手，卻無法保障就業機會。

與一位在台灣教英文的外籍友人談到現今台灣的大學入學比例，他嘴巴張得大大的，半天也閉不上。很重視教育議題的他，用了crazy這個字來形容台灣的大學入學錄取比例，因為我倆都很清楚，許多先進國家的大學入學錄取比例，只有不到百分之二十！

這是因為不是每一個人的基因、性向、特長，都適合在大學裡面發展，把超過百分之九十七以上的高中畢業生，全部送進大學就讀，無疑是葬送那些本就不適合大學教育走向的青年男女們的青春。

尤有甚者，當我的朋友已經拿到世界級名校的博士學位，回到台灣尋找教職時，他告訴我和他一起競爭的有超過三百個人，而且是一所在台灣甫建立的，我們連聽都沒有聽過的新大學。他說他一去應考，看到現場的狀況，跟一些人談過之後發現當中有人和他背景雷同，他便不想參加甄選了。

「沒有意義」他如此說。

「會上的人應該要有背景，像我這樣的是絕不可能的。」

當全部的人都被推向拿取大學學歷的方向，拿到大學學位後，便發現必須再拿碩士，拿到碩士之後仍不知道要做些什麼，因此繼續再讀博士。

這些求學的人當中，也有不少是到國外大學取得學位，造成大家的相似學術背景。

拿到博士學位的人，在學術環境裡面待了很長的一段時間，要讓他們走出學術環境，也不是簡單的事，他們往往希望待在學術環境裡面，謀取教職。然而眾所周知的是僧多粥少，失業的博士大有人在。

從事心理諮商的朋友告訴我，近年來接到許多案件，都是歸國學人或者高學歷者罹患有憂鬱症的例子。還有一些其他的案子，是年輕人比以往更加充滿茫然，不知已經大學畢業的他們，該追求些什麼。

台灣，就這麼一步步使得我們的年輕人走入這種惡性循環裡面，所以你讓我怎麼能不擔心我在二〇〇一到二〇〇三年所遇到的小學學生呢？那幾千位孩子就要進到大學，就要出大學，就得面臨廣設大學的惡果，而在我先前的評估裡面，已經告訴了你，他們可能只有侷限的英文程度，而現在又必須面臨進大學、入社會的挑戰，請問如果你是他們的父母，你能夠不著急嗎？

至少我非常憂心。

而且，這種「大家都如此，我也一定要這樣」的現象，這種可怕的一致化，令我不寒而慄。

來自澳洲的凱文問我，「有一隻肥肥的白貓圖案，是不是在台灣也很流行」，因為他曾經看過很多到雪梨旅行的亞洲人，身上掛滿了這種卡通貓咪圖案。

我笑了！我所認識的許多女性空服人員，都著迷於Hello Kitty，她們把Kitty的圖案貼在、掛在、帶在她們的皮箱上面、皮包上面、自動筆上面。甚至，當我想到離境台灣時，發現在桃園國際機場第二航廈裡，居然在某登機門入口處，有著一大片的區域，全部都是Hello Kitty的飾品販賣區，以及各式各樣的Kitty卡通造型的設備，如溜滑梯、鏡子……等等，以供小朋友們戲耍時，我真是想開懷大笑！

如果我們在經過個人思維的過濾以後，而不是在受到他人的影響而選擇某物或進行某事的時候，那麼我們是真正地選擇或使用了我們所喜愛某種物事，這時，我們是有辨識能力的個體。

但是，如果我們必須時常靠著流行的趨勢告訴我們，我們應該選擇是甲物、乙物、丙物……等等，那麼，我們的個人思維能力，早已喪失。

我們在餐桌上面討論這個Hello Kitty的事情，引發大家的迴響。從荷蘭來的湯姆說，他認為亞洲人的流行趨勢及追求慾望，特別鮮明。

我沒有想到他這個在歐洲的人，竟然也有這樣的看法，而我思想著這件事情究竟所為何來。在離開台灣之前，當我看到我們的現任的總統夫人的衣著，受到媒體的關注的時候，同時聽見一位媒體人接受訪談時的話語，我實在不知道該喜或該悲。

這位媒體人說：「……以她現在的身分，一個月月入×錢，又是××機構的×××，以及××機構的×××，她實在不能再穿著這種一千塊錢左右的名牌當中的劣級品……」

我說「不知道該喜該悲」，是連ＣＮＮ在播報法國總統的新歡時，也要提及她所穿的衣服及鞋子是××名牌服飾，可見這種報導方式，能夠吸引群眾，並且能夠引起共鳴。

但是我們要追求同一種牌子的心態，如果只是一味效法他人的衣著與喜好，就太過於盲目了。

我想我覺得又喜又悲的心情，是如果有人來評斷我，會不會說「……她好歹也是個補教界的名師，（雖然我真的不認為自己值得這個『名師』的頭銜，但是別人這麼為我取了，也就被別人這麼叫了，這卻是令我不太能夠適應的稱謂！）但是讓我們看看她的穿著：她喜歡走個人風、民俗風及邋遢風，她的衣服沒有一件是有『牌兒』的，除非她不小心買到……」

但是坦白說，我高興於我自己的取決能力，我可以穿著幾十塊台幣的夾腳拖鞋上飛機，並不感到有何不自在，我也可以在隨處的市場裡面看到一件喜歡而物美價廉的裙子，就那麼給穿上了，卻不真正覺得有什麼不妥。

如果我們每一個人都有獨立思考的能力，也許我們所建設出來的社會，將更有其遠景可言。在一個懂得獨立思考的社會裡，人們懂得自我思考，卻也懂得尊重他人在思考之後的產物，而這種取決能力以及思維能力，並非無法從小養成，我認為這端視我們的教學環境，能夠優質到什麼樣的地步。

我還沒有說的是，台灣最大的一個潛在問題，就是我們在初等及中等教育裡面的「迷糊仗」。

我必須再次強調：我們不夠重視初等及中等教育教師的專業，我們未曾審視初等教育及中等教育將如何開放或者閉鎖我們的孩子的性靈，我們更不知道，大學教育或許重要，但初等及中等教育是一個國家的根本。當我們已經毀壞了大學教育的品質，而又不重視初等及中等教育的發展，我們無疑葬送了許多青年學子們可以與世界接軌的大好前程！

我們必須認知的事實是，並不是每一戶家庭，都有送孩子進私校、雙語學校、補習班的能力。如果台灣是一個民主社會，如果台灣人有那麼多特殊的高科技人材，如果台灣曾經創造出經濟奇蹟，我不明白我們有什麼理由可以告訴全世界：我們沒有能力把台灣的教育整治好？

如果我們想想我們的教育究竟為了什麼要把答案永遠限制在圈圈叉叉、或者選擇題的選項裡面，想想到底該用什麼方式來深度報導，反省這樣的教育機制，那麼也許你和我會一起吃驚的發現一個警訊：台灣的初等教育及中等教育教師們，負擔了頗多的責任、義務、工作，令他們沒有辦法在那勞心又勞力的工作環境之中，為學生們設計出一個能夠讓他們大膽地發揮想像力的教案，因為一旦班級秩序失控，學生開始有了強烈的自主意識，整個學校的秩序就會跟著失控。

台灣的初等及中等學校教師們，往往需要花費大量的時間和精神來控制學生的常規，這種常規使得學生們慣於和別人相同：要一起下操場升旗，要在一個選擇題的三個答案裡面，選出惟一的一個正確選項，這一切的一切，使得學生們不敢和別人不一樣，如果不一樣，那就是錯誤、就該接受別人的異樣眼光。

我們長期以來在「考試有標準答案」的框框裡面打轉，是非、圈叉、對錯、答案是1或2或3的選擇題、簡答題，這些統統有標準答案。

我們沒有想到在現實社會裡面的諸多事物，是沒有標準答案可言的。甚至最起碼，在開放式的問題裡面，我們也應該將學生訓練成能夠兩面式回答問題，即任何事情的角度，有正有反，不是只有單一方面值得呈現。

然而我們的老師卻無法這樣訓練我們的學生。

為什麼呢？

除了沒有足夠的人手可以協助這些老師們，掌握及輔導每一位學生，老師自己本身，恐怕都不習慣這種開放式的思考模式。

而且，由於老師必須給學生框架，藉以規範學生的學習成果、乃至常規，師生常常變成處在對立局面、而非教學相長或者如沐春風的氛圍。

所以當我看到希頌刻學校的孩子們的時候，我真是替他們感到無限的幸福。他們沒有足夠的物質享受，他們往往來自貧困的家庭，不過，他們一個班級只有十位左右學生，雖然目前因為教室不足而合班上課，學生們卻可以得到較多的關注，老師們也有義工的協助，並且在鼓勵之下，接受充電，學習新知以期能夠使用在孩子身上。

我從思想台灣教育上的弱點的悲嘆裡面，想著想著，在半夜裡爬起來寫下了這一個篇章。走筆至此，太陽已經出來了，從黑夜到日出，又是一個新的一天的開始。我的思緒在漆黑的時光裡面遊走，也來到這充滿希望的朝日。

我想：我們能不能給台灣的教育，一個有希望的明天？

如果制度面上長期以來無法改進，但是卻有這麼多的人才可以運用：台灣的人才是否比其他國家的人來得遜色？如果並非如此，那麼，我們可不可以用非制度面的方式、以民間參與的手法，來改善我們的教育環境？

這個我所參與的組織，是為了當地的居民、他們自己的家鄉而設立的組織。如果全世界的人都能夠知道教育的力量，都能夠在自己的家鄉，在教育上面從事更多的反省及改革，那麼，這一段學習過程是否也將成為，未來的棟樑的一部分深耕計畫？

而我們自己的家鄉，是否也能夠有更多的開創？培養更多的力量？

在希頌刻學校這樣的環境裡面，全班的小朋友都會興奮地回答老師的任何問題，總是認真的希望能夠多學一些、多學一些。

我卻在過去的經驗知道，連在台灣的兒童美語補習班裡面，都常有些孩子根本不願學習，是父母給他們的壓力使得他們得處在那樣的環境裡面……他們的心情，又有誰可以照顧得到？

想著想著，天剛破曉，太陽從山頭走出，含情脈脈地俯視著大地。

此時，門前那片偌大的草坪，居然走進了幾頭鄰人所養的牛。這該是鮮少發生的，因為牛兒可以吃的草坪那麼遠、那麼大，牠們不太可能跑到這兒來。

但是也許在我們的生命過程當中，事情就是這樣的，有時別人像個入侵者，進入了我們的領域，我們以為他們不能也不該存在，但實際上面，他們的存在卻能夠給我們帶來不同的風景、不同的思想方式。那些牛群會在草坪上面排洩及吃草，將給土地養分，也為草地帶來新的生命轉換，沒有什麼不好。

傑堤居的四隻狗兒前前後後狂吠著那幾頭牛，那些牛群還是悠遊自在，無動於衷。

當我在希頌刻學校目睹著學校裡面所發生的一切奇蹟，當我想到世界各地的人們，當我想到台灣，我會認為也許我們每個人都是那片草地，我們吸收各式各樣的養分，而後，長成一片綠油油的景象，供所有的人們欣賞、坐臥、享受沉靜的夕照或者日出。

我對台灣始終充滿希望，就像我對這個世界的和平與每一個孩子，充滿了無限的希望。

我期盼所有讀到我的文章的朋友們、學生們，可以一齊省察台灣的教育問題，讓我們集思廣益，為台灣的未來，擬出一系列真正有利國計民生的教育機制。

不再讓我們的下一代在台灣的教育之路上受苦，也代表著我們自己，將享受更加光明的願景。

這更加代表著，台灣的聲音，會因為它的國民有著健全的教育做為基礎，更能夠開懷地大笑，更能夠放聲的呼喊，而傳遍整個世界。

18 一個教室裡面的黑皮膚、白皮膚、黃皮膚

本來我是替代君兒上英文課程的，不過因為我就要離開此間，而君兒的產假還有好一段時間才結束，其他以英文為母語的義工們，紛紛開始準備上場教英文，他們希望先多看我的課，學習教學方法，並且在需要接手的時候，開始進行英文課程教學。

需要英文教學的班級有兩個，一者是三、四年級共同上課的中年級，另外一者是一、二年級共同上課的低年級。

英文課在每週二、三、四進行，低年級和中年級在這三天的時間裡面，都各有一個小時的英文課程。

在我離開之前，英文課程的進度表終於進入討論階段，預期學生成就及學習目標等等，亦將出爐。這是因為沒有特定的進度表，當原英語教師因如產假或其他因素，無法上課時，代課或接手之教師才能夠知道學生學過了什麼、還必須學些什麼。

而在我即將離開、又沒有其他義工有教學專業訓練的同時，大家當然感到些許無所適從。他們不斷地告訴我，希望我可以停留較長的一段時間，這樣的話，對於在學校裡義工工作的派定，例如哪位義工在何時要幫助哪位學生、幫助哪位教師，以及英文課程上的班級經營，和義工與教師之間的溝通，或者協助教師專業成長等等，可以更有效率地來運行。上述的這些，幾乎都是我的工作。

但我的行程已訂，並且簽証有其效期，不可能停留過長的時間。所以我請有教學興趣的義工自己設計教學內容，輪番上陣開始教學，由我來提供教學上面的意見。並且，我也特別與幾位長於安排與溝通的義工，商談接手統籌義工的工作。因為這種種因素的考量，我們也開始著手設計義工手冊，裡面有關於學校方面工作的細項、建議進行方式等等，以便未來的義工們了解該如何協助學校的運作。

在英文教學工作方面，來自加拿大的茱蒂展現出最大的興趣及誠意。雖然此次她無法長期停留，茱蒂卻希望將大部分的精力投注在希頌刻學校之上，這一點使得我倆有著相似之處。在到達聖約翰港後不久，已經知道學校如何運行之後，茱蒂隨即開始了英文課程的教授。而我則對她在教學技巧上面的天分，讚嘆不已。

茱蒂今年大二，她曾經長期學習空手道，並且也當過教導自閉症小朋友的義工。她的夢想是當個中學歷史老師。她有一張櫻桃小口，大約一百六十公分高，喜歡在頭上綁一條方巾，而且在她的身上有至少三處的刺青，這不單單是因為她喜歡刺青，也因為她的男友是一個刺青師傅。

因為茱蒂對於教學有濃厚的興趣，在教室的環境之下，她顯得頗有自信，並且自製了各個字母的字卡，還讓學生在聲音上面作變化，例如全班大聲唸讀、全班正常唸讀、全班小聲唸讀某個字彙，這使得學生們興奮異常。

她並且發下她所做的字母卡，在教室前面把單字唸出後，讓學生跑到教室前面拼出這些字彙。

她也讓學生分組在桌上用她所做的字卡來拼字。

學生們顯然很享受她的課程，並且在競爭的過程裡面，怡然自得。

從茱蒂認真製做字卡，和同時記得讓學生有在個人筆記本上面的書寫及練習的機會來看，她很認真的思考要上些什麼，並希望確定學生學到他們所該學習的種種，而這正是一位教育者所必備的特質。雖然學生在遊戲過程中，顯得有些吵鬧，不過這並不妨礙茱蒂在其教學目標上的達成。

就這樣，我這個黃皮膚的人，觀察了白皮膚的人教授黑皮膚的人些許課程；這個教室當中，真是膚色多多啊！

在看過茱蒂的課以後，也曾經希望將來成為老師的我，和她有著一種連結感，也許是同樣對教學工作很有興趣的關係，在昨夜飯後，我和她有了一場精采的對談。

我們所談的話題很廣，從私人層面到政治情勢、九一一、社會現象等等，無所不包。而且我們談話時正好不受任何甘擾，所以更能夠產生有品質的交流。

茱蒂來自於一個破碎的家庭，母親有長年酗酒的問題，繼父也是，不過她卻和弟弟以自制的方式，遠離了這些充滿誘惑的甘擾，自己打工賺取學費和生活費，而且滴酒不沾。她並且不斷提及要在明年帶弟弟來到此間，進行義務工作及經驗學習。我很讚賞她的生活態度，也許因為她較為坎坷的家庭經歷，造就她的穩重及平和的態度。

在我們的談話之中，我問了她一個問題：在加拿大的教育體制，究竟是不是完美的？為什麼這種教育體制吸引如此多的移民，前往就讀該國的學校？她的回答牽涉到兩個層面，其中一個是經費的問題。她認為目前她的國家的教育經費，分配不均，所以造成學生所能得到的福利不平衡，這是在公立學校之中就有的現象。

她所提到的另一部分問題，則似乎是很多先進國家的現象：學生厭惡上學，而且他們有太多的物質享受，導致他們的諸多偏差行為。

茱蒂說在加拿大，很多青少年在十三、四歲就開始吸毒嗑藥，而且還因為早熟，偷嚐禁果的人所在多有，關係既複雜又混亂。她一直強調在她看來這些人之所以如此，是因為他們有太多物質上面的便利，要這有這要那有那，所以他們把一切都視為理所當然。

她說她有一個朋友，家就住在離校步行十分鐘的路程，但是每天上學一定要搭計程車，她認為實在是太過奢華。她也舉例在她讀中學時，有老師問了一個假設性的問題：如果修他課程的學生，無論如何都會畢業，他們不必理會自己的出席與否，因為老師不會用到課或不到課來扣學生的分數，那麼，他們會不會每一堂課都出席？

結果全班學生裡面只有茱蒂和另外一位學生舉手，說他們一定會去上課。這樣看來，學校對學生來說，似乎已經成了一個拿分數的地方、非到不可的地方，而非為了學習樂趣而前往的地方。

茱蒂說當她有一天有自己的孩子的時候，她絕對不會讓小孩在美國或加拿大地區成長，她認為過佳的物質條件、福利制度，使人不但變得更加貪婪，而且認為凡事均可予取予求，她不認為這是正常的現象。

茱蒂的說法我也曾經聽過一位加拿大友人提過，只是這位朋友年近半百，而且是位男士。他對於自己國家的教育體制，多有埋怨，而且「希望自己的孩子可以到第三世界國家生活及受教，自由自在，享受大自然及人類原始文明的洗禮。」

我所認識的很多台灣父母，為了他們孩子的教育，千方百計移民到北美洲，反之，身為加拿大人的本地人，卻不要他們的孩子在那裡成長，這真是一個絕大的諷刺！希頌刻學校的孩子們，有人要走一個小時的路才到得了學校，家長付不起學費，更別說是交通費用了。在這樣的情況之下，他們依然是那麼快樂的上學去了，為什麼呢？因為在這個窮鄉僻壤，上學對於很多孩子是遙不可及的夢想！

不論是何人種，都是一個腦袋加上四肢，但是，居住在聖約翰港的人從來沒有聽過國泰航空公司，因為它是一個以香港為基地的航空公司，而居住在香港的人，可能從來不知道這個世界上有皮肯核桃（可見二二三頁）這種東西。

在伊索匹亞的人沒有聽過台灣，在台灣的人不知道東臣的政情。

我們的生活，是多麼的封閉啊，封閉在我們侷限的眼界裡，封閉在我們狹隘的世界觀裡。我們到底有沒有辦法打破那種侷限，使自己成為一個真正具有國際視野的人呢？要怎樣才能達到那種境地？

這時我想起一個畫面。

昨天，這裡下了傾盆大雨。

在我們這幾名義工要回傑堤居的路上，我看到了許許多多的本地人，站在市集裡面的走廊下面。他們在等候，等候雨能夠停止，那麼他們就能夠進行他們一般性質的活動。他們既不焦急，也沒有人攔當地型態的計程車。

恐怕也沒有人要做生意吧！

這些當地人，只是一味地等候、等候、再等候。

所有的屋簷之下都站滿了人。

一位義工用「不可思議」來形容那些人站住不動的感覺：他們的數量之多，以及他們的不疾不徐。

我不住地想，如果是在像台北這樣的都市，大家如何堪等？那務必是拿傘的拿傘，沒有傘的買傘，不想買傘的搭計程車⋯⋯。總之，我們是不可能立在那兒等的。

這等候與不等候之間，到底代表什麼樣的文化差異？

這將上學視為苦藥和將上學視為樂趣之間，到底顯現了什麼樣的思維形態？

所謂的世界觀，到底是把哪一個世界放在前面？東方的、西方的？先進的、落後的？

還是說世界觀是一個綜合的體系，它結合了各方的價值？

但是如果世界觀真的能夠結合各方的價值，難道，我們就能毫無偏見可言，台灣的父母不會嚮往送孩子出國讀書，我們不會嘲笑那些只會站在廊下等雨的黑人？

這些，都是我們該深刻反思的問題啊！

有時候我們用了一些艱深的字彙，來表達一個可以簡單為之的道理。所謂的「國際視野」就是如此。在我看來，這種視野只不過是接受他人的理念罷了，不管這個他人是何種膚色，來自於何方。

不過就連這一點，也很難做到。

最簡單的道理，有時候往往有著最為深奧的學問，蘊含其中。

19 薇薇安憶亡夫

希頌刻裡面的學生們喜歡跟在我身後，在市集裡面走來走去。

我的目的是為了開開眼界，也為了前面所提，當時身體上面的不適，而去找件合穿的裙子，我的學生們的目的，應該是為了好奇、也是為了陪伴我，他們所做的，是為我奉獻了他們的下午，這是make time for（the）others即「為他人貢獻自己的時間」之意。

同樣的一個字make，在我們亞洲的文化裡面，在台灣的文化裡面，比較重視的當然是make money，這是賺錢。

錢不是不好的東西，錢也不是我們不該求的東西，不過如果我們絕大多數心思都放在它的上面，而忽略了其他事情，那麼，這樣就是全然的處在某種思想層次上面，而無其他。像是流行趨勢、名人八卦等等，如果我們全然將角度放在這些事情上面，那麼對其他的事務要有不同角度的思考，自然較為困難。

我想，如果我是訪談性節目的主持人或者是節目企劃，我會設計一些精緻的內容，像是訪問一些在哲學、教育、藝術上長期鑽研的東西方人士（希望至少能以英文溝通，就算不行，也可以有口譯人員轉成英文讓我了解），知道他們的宇宙觀，知道他們的想法，實際去採訪他們的工作、生活環境，了解他們在深層思維模式上面，與我們的不同。我甚至覺得，如果我一定要訪問經貿方面的人才，我卻不想談論他們賺錢的過程，我想知道他們如何處理生活當中的困難，他們的信念是什麼，他們有什麼樣的訊息是可以教導或者分享給大眾的，甚至他們有什麼作為，是想為這個社會或世界提出貢獻的。

透過這樣的節目，我們可以了解別人的生活層面和理念，甚至可以做出比較，截長補短，我認為這類的談話，才夠算得上是深刻及具有影響力的。

當然，你會說我大言不慚，一會兒想當記者，一會兒又想進行訪談節目。我也自覺有些不好意思，就當我在寫文章的時候胡說八道一番吧！而我想我只是錦上添花而已，許許多多的節目已經達到了這樣的水平吧！

說到深刻，我和薇薇安談過天，而且我們談得非常深入。

薇薇安的女兒君兒來到聖約翰港，起初只是旅客，後來則教起了英文，接著，她喜歡上了這個地方，並且和本地人相戀，有了愛的結晶，即將生產：據說她的孩子，將成為聖約翰港當地惟一的黑白混血兒！薇薇安因為和她的子女關係非常良好，於是希望在這裡陪著君兒，直到她生下孩子、做完月子等等。但她沒有發現她會喜歡上聖約翰港，及希頌刻學校裡面的孩子們。在她停留的期間，她花了許許多多的時間，協助校務的進行。

髮色花白、英國國籍的薇薇安，實則是蘇格蘭人，並且是一位具有教學經驗的老師，她在兒童及移民的英文學習環境裡面有七年的教學經驗，之後，她在一場朋友的婚宴上，遇見了一位荷蘭籍男士，兩人想戀而結為連理。因為薇薇安夫婿的工作，她開始時常旅行，並且居住在不同地區，因而也離開了教學環境。

薇薇安講話的時候非常懇切，速度非常緩慢。她和我的長談其實是在一個相當巧合的情況之下產生。不過在那之前我已經和她說過，如果她不介意，我想與她談談她的先生，談談生離死別。

我之所以知道薇薇安的先生已然辭世，並非由他人口中所知，我也不是一個喜歡打探人們隱私的人。這乃是因為前面已然提及，薇薇安以及潔西卡，曾在一開始作義務服務工作不適應學校校務安排時，一塊兒到傑堤居與義工們會面。當天，因為考量義工的情緒，並未安排其他義工到校協助，僅有我及薇薇安、潔西卡，一塊坐著若絲的車，來到學校上課。

下車之後，我和薇薇安倆人在和風吹拂的太陽底下，俯瞰遠方，望著海濤不斷撞擊於地平線之前的校舍前，簡短說過話。那是我和薇薇安第一次較為深度的談話，哪怕時間非常短暫。我們談及她為何前來聖約翰港。她並且提及她的先生已經過逝的事實。

我說「您應該很不好受，因為一般人應該很怕談論死亡這樣的話題」，這句話馬上引起了她的共鳴，她幾乎在當時就要告訴我許許多多說不出口的故事，可是因為那時即將開始上課，所以我們的對話中斷了，我們相擁，並且約好要找機會坐下長談。

我特別告訴她我想和她談死亡這件課題。

她顯得很驚訝，她說多數人是避而不談的。

我說我知道。但正因為如此，我才特別想與她談論此事。我在內心想了解她如何看待死亡，當然也希望她能夠藉由談話，釋放過去的痛苦。

之後我們多次在校內遇見，不過都因為各忙各的而無法深談，真正有機會談，如我所言是巧合，我只是到辦公室裡面去休息，正好遇見薇薇安在作菜，當時正是午後，我的課程已經結束，下午是師訓，我想利用一段空白時間稍事沉澱，好在師訓時給老師們一些有益的資訊。

這時，我和正在作菜的薇薇安，談起了她的背景。

她也開始慢慢談到她的先生。

這是一種很奇妙的過程，因為我看到一個人，在我面前像未開的花朵一般，慢慢的展現了她所有的容顏，最後成為一朵盛開的花，讓我得以仔細端詳其容貌、色澤。

薇薇安就是如此為我而敞開心扉。

薇薇安說她與先生極為相愛，從認識到他離開這個世間，每天他們都是四肢相擁地睡在同一張床上。

因為她先生的工作之故，他們一家人不斷遷移住所，因此沒有非常親近的朋友，他們從來沒有與別的家庭一起出遊過，一家四口的感情，相當親密。

十年前，當薇薇安的先生進行健康檢查時，醫生發現他的心臟有奇怪的聲響，做了各種檢驗都沒有問題，後來是組織切片等檢查，發現在他的心臟後方藏了一個腫瘤，薇薇安和她先生那時認為，他們一定要努力戰勝病魔，結果他們開始了一連串的治療。

基於薇薇安的公公是外科醫生的關係，基於薇薇安的先生對於父親這種職業上面的信任，薇薇安的先生相信開刀可以加速他的痊癒。

不料開刀之後卻造成病況惡化，並且併發肺炎。

薇薇安一直沒有放棄。然而四個月之後，薇薇安的先生病況並未好轉，直到醫生告訴她必須把先生帶回家，準備後事的時候，她才驚覺死神已經到了面前。

她不斷的問自己該怎麼辦，問醫生該怎麼辦，因為她對於死亡這件事情，沒有一點準備。

但是她還是得和一兒一女將先生帶回家。他們當時住在荷蘭。回到家之後，她和一雙兒女守在床邊，直到她的先生過世。

他曾經在彌留之時醒來，薇薇安那時正在痛哭。

她說她始終沒有哭，始終認為他們一定挺得過去。但她發現束手無策了，她發現沒有用了，所以掩面哭泣。

這時她的先生醒了過來，惟一的一句話是：「沒有關係，不要哭，妳很堅強，妳不會有問題的。」

說完這些話，薇薇安的先生就走了。

留下的是薇薇安和她的一雙兒女。當時他們都已經成年，但是全家處在一種完全驚懼的狀態之中。

她的兒子不停的說：「現在爸爸不在了，我們該怎麼辦？」

因為這樣，薇薇安知道她要堅強，她要為了孩子們而堅強。

我問她當時有什麼樣的情緒，勢必非常複雜。她說她有罪惡感，為了所有她印象中可以回溯的大大小小爭吵，感到罪惡。她怪自己那時怎麼可以對先生那麼壞，為什麼不珍惜他。

她說她也十分後悔，要是不讓她先生動手術，也許他還能夠存活十年的光景。

我問她有沒有恨意。

她說她有強烈的恨意。

她恨她的朋友和鄰居。

她說她有幾位朋友們，本來會不時與她連繫，一週至少一通電話，但是自從她的先生往生，她們居然一年都沒有打電話給她。

她說她的鄰居們在她先生過世之後，每每看到她和家裡的狗兒散步回家，就把門給掩上或者撇過頭去。「假裝什麼也沒發生。」海倫如此說。

我說，死亡的確是一件很難以相談的事情。因為大家都如此懼怕於死亡，大家似乎都不想面對死亡，以致於人們總在最不能處理死亡的時候，與死神打上照面：就一般人而言，沒有一個人能夠在死神來臨的時候，做好準備。

我在和薇薇安談這些事情的時候，遠方的雲朵輕輕拂過。薇薇安說在前一週，聖約翰港曾經下了一場滂沱大雨；她說她告訴君兒，「那是爸爸在生氣，氣他不能和我們一起在這個國家共度這美好的時光。」

薇薇安說她無時無刻不感到她的先生，就在身邊，那麼親近，那麼如同以往。而她花了幾乎八年的時間才走出這種死亡的陰影，這當中曾有一次她徹底地精神崩潰，而且她曾經持續不斷地想自我了斷，並總是不斷苛責自己為何獨存世間。

可是她告訴我，她的先生那麼愛她，是不可能讓她這麼責怪她自己的。

現在她說她走出來了，覺得自己可以更加好好的愛惜生命、愛惜一切，她並且覺得上天將她帶到聖約翰港，是她的福氣，因為她認為如果要付出，就要在這個極為偏遠的地區，進行付出。

她說此番她將延長她的簽証效期，未來還打算再回來幫忙。

她也談到在這個義工計畫當中所有的人：「他們都是這麼好的年輕人，這麼願意為別人挪出一些時間。我不知道台灣是不是這樣，但是在英國，已經沒有人願意分一些時間來關懷別人了，很多人的所想所為，都是他們自己的事情，而不知道應該為別人盡一些力。」

我說台灣人應該慢慢有了覺悟，不少善心人士深知付出的重要，也懂得分享他們的愛。我想就這一點來說，我應該沒有說錯才是。

在我和薇薇安的整個談話當中，我們曾經數度讓淚水在眼眶當中打轉，而且曾經相擁而泣，因為我就是強烈感受得到薇薇安和她所背負的，在過去的時日當中發生的，極大的椎心之痛。

我們一起哭，感受到了一種連繫。

我感謝薇薇安能夠為我敞開胸懷，讓我從她的故事裡面，看到真情相擁的力量，看到失去至親的椎心之痛，也看到從地獄走到天堂的路，並不太遠，只要永遠抱持希望，有著足夠的信心。

薇薇安並非知名人士，然而，正是透過凡夫俗子的苦行歷程，我們了領悟深層的智慧，因為他們所經歷的，和我們並無不同。名利和財富都將轉眼成空，我們能夠握住的，是在剎那之間的因緣、反省以及洞察事物真象的透徹之眼。當我們只是經由一個人的名位聲望、資產所得、年齡大小來認識一個人，我們實在是失去了解這個人所要傳遞給我們的，極重要訊息。

在生命的過程之中，我們需要和所愛的人永遠地道別。為了避免追悔，我認為最好的方式是珍惜我們與他們共度的時光，那麼，在他們離去，或者甚至我們離去時，我們才不會有過於悲切的情緒。

死亡是一門難以面對的課題，然而它卻是生命的實相。與其對它感到驚恐，不如了解它、正視它、體會它的意義及功用性。如此一來，當我們在突如其來的景況之下，必須和死亡打上照面，死亡也不會為我們的內心帶來恐懼。

另外，說真的，當別人感到苦惱，或者有心事沒有說出口的時候，你不必特別為別人做些什麼，只是因為你願意傾聽，願意嘗試了解，別人就會把他的故事告訴你。聽過故事以後，你也不一定非得做什麼，因為講故事的人單單從有人聆聽其說故事的角度，便可以得到情感的宣洩。

這時薇薇安說了一句話：「晧璞，妳的心思如此細膩。我希望妳不要把擔子全部放在自己的肩膀上面。」

對於薇薇安會這麼說，我有些震撼，但我卻沒有那麼偉大，能夠挑得起什麼，畢竟每個人都有他所要扛起的擔子。生而為人，本就如此，這也就是為什麼人生來皆苦。

我相信人生皆苦，我卻也相信人可以學習，可以運用智慧，借力使力，讓這些苦成為一種了悟的果實，進而體會生命的精采。

不過如果我想挑起那些我可以挑得起的擔子，我可以挑多少？

我可以走多遠？

我要用什麼方式把擔子挑起、用什麼方式來行走？

我願不願意永遠有耐性，永遠為了別人，挪出我的時間？

20 挑水爬坡上山的小朋友

每一次從傑堤居外出散步，拉奇一定亦步亦趨跟著我。拉奇很愛玩，他只有八個月大，是一隻站起來可達至少一百三十五公分的大狗。他喜歡做的事情有好幾件。

傑堤居還有一隻白色的貓咪，她喜歡睡在火爐旁邊，也喜歡睡在烤箱旁邊。安說她去年底到這兒來的時候，貓咪只是可以放在她手掌裡的小小貓（當然安因為高大壯碩，手掌也比我的大得多，不過還是看得出來貓咪當時是多麼地小！）

貓咪沒有名字，大家都叫她kitten（意指小貓）。她睡在火爐和烤箱旁邊的原因，是由於她喜歡取暖。我來到此間雖然是四、五月，北半球春暖花開，不過此地卻正要進入冬天，氣候有時微涼，尤其早晚時刻。貓咪取暖的時候，會慢慢地點頭、點頭，像人類打瞌睡一般；當她睡著時，也會不小心把頭點得太大了一點，這時，她會撞到烤箱，滾燙的溫度會讓她嚇得跳起來！

如果在火爐旁，則那火爐前面有個墊子，貓咪就窩在那上面睡。有時用前掌其中一個枕在頭下，有時睡到四肢全部攤平在墊子上，有時睡到舌頭吐出來一半，雙眼緊閉，讓我猜想她是不是被下了毒。

我不愛這隻貓咪，她卻像追獵物一樣，因為我躲著她而更加靠近我。

我看過她捕捉小昆蟲。貓咪並不馬上把蟲子吃掉，她會一直和他們玩、玩、玩，玩到小昆蟲的魂都快飛了、走不動了、翅膀或者前角掉了，她才肯把他們吃下去。我看了實在生氣：要吃為什麼不直接吃了呢？有一回約翰特別為貓咪抓來一隻螳螂，那螳螂多麼雄壯、多麼完美！結果貓咪一看到螳螂，興奮得不得了，一張口就吞了他，讓我對她更是反感。

是的，我當然知道她也是肉食性動物，就像人類也吃肉一樣……佛教裡面談吃素，這是大家都知道的，不過，史懷哲也老早就提倡了素食主義，他認為每個動物都是有生命的個體，人類不該殘害生靈。史懷哲的一生，大多在傳染病嚴重的非洲度過，但是，他即始沒有依靠肉類的營養，也活到了高壽的年紀。世間心念善良的人，本來就沒有地域或者宗教的限制。

話說貓咪最讓我感冒的是在我剛剛到達傑堤居時，她似乎是為了顯示對我的好感，一把抓著我的腿不放！那天我穿著牛仔褲，即始這樣，牛仔褲也抵不過她的利爪，我的腿疼得要命！

當時我趕忙把她甩走，不過她還是常常跟著我。

有一次因我忘記關門，她爬到了我的床上睡著了，那麼堂而皇之地登堂入室，在我床上舒服地睡著，也不怕她身上的跳蚤再度加重我的「病情」，這真是令我更加氣惱於她！她就是連大家坐下來吃飯時也會纏著我，從餐桌底下望著我，讓我不得不把腿給蜷在椅子上，等候哪一位「善心人士」幫我把她抓到餐廳外面去。是啊，我不敢抓她呢！聽說有一次有義工看見她身上的一隻小蟲從她背上爬到頭上，我這個一天到晚被跳蚤咬的人，怎敢碰她？

所以我對貓咪是有著厭煩的情緒的，而當拉奇戲弄貓咪的時候，我反而有時會暗暗自喜。

拉奇如何戲弄貓咪呢？他和貓咪玩的時候，是不會傷害貓咪的，他只是不停地追趕貓咪，並且嘴巴一開一張，想要咬住她。如果拉奇真的咬上了貓咪，他會啣著她的肚子，嚐試把她叼起來。貓咪當然不會輕易就範，所以拉奇總要猛追一陣；但是因為拉奇身體的長度是貓咪的幾倍大，腳程較快，當他想玩的時候，除非他人干預，否則一定追得到貓咪。

這時，拉奇會輕輕的把貓咪放在嘴巴裡面，四處走走。當貓咪在拉奇嘴裡動彈不得，是我最開心的時候！也是我最喜歡拉奇的時候！終於有隻狗替我制伏了貓咪！

傑堤居並且養了好幾隻雞，公雞、母雞、小雞等等，各種都有，他們常常成群結隊在傑堤居裡面的草地走來走去，啄些小蟲來吃。公雞只有兩隻，他們早上天一亮，有時候是四點鐘才過，就開始拉開嗓門高聲啼叫，這一叫，會一直斷斷續續到中午左右。公雞甚至還會邊走邊叫，在你前面叫給你聽。

如果你不知道公雞的數量，會以為這裡有上百隻公雞，因為他們倆個的啼叫是不斷的！而且他們似乎也不必清嗓子呢！

小雞們看到拉奇走進，會一窩蜂地往前竄逃，因為拉奇也對那些雞做和對貓咪同樣的事情，他會隨便挑選一隻小雞，開始他那「追咬」的過程。在叼起一隻小雞之後，他會四處晃晃，然後再把這隻小雞放在草地上面，若無其事地離開。

如果拉奇叼的是貓咪，貓咪被放下以後，很快就會一溜煙地跑開。

如果拉奇叼的是小雞，那麼小雞被放下之後，會經歷一陣像是不知該如何是好的震撼狀態，站在原處不動，似乎處於完全受到驚嚇的創傷後呆滯，然後才搖搖擺擺離開「犯罪現場」。

目睹這一切的我，著實覺得拉奇是隻滑稽的小狗，滿腦子都想著玩樂。

拉奇在我來了以後，養成了睡在我門外的椅子上面的習慣。那椅子經我特別整理過。本來它是個躺椅狀的沙發，但是因為老舊不堪有些難看，我給它披上一張床單，看來比較美觀。自從放上床單以後，拉奇就愛上了這張沙發，常常在窗外陪我作伴。

拉奇睡覺時也會作夢，進而發出大大小小的嗚咽聲，時長時短，有時還會大叫一聲又繼續睡了。我和他一牆之隔，時常不免被吵醒，並且猜想他到底做了些什麼夢。

而晚上睡覺時間，我有時真是不得安寧，除了拉奇作夢，還有另外一種聲音會干預我的睡眠。

事情是這樣的：傑堤居有很多大樹，他們是皮肯核桃樹，這種樹會產生一種果實，是一種長型的核桃，外面也是硬殼，大約兩公分至兩公分半左右長度，寬度是半公分，外皮比我們一般看到的圓型核桃軟，較易於剝開；剝開後裡面是兩片核桃，通常一邊較長、另一邊較短。皮肯核桃會在成熟時自己從樹上落下，有時只是一個硬殼的皮肯核桃落下來，有時它還會跟著它的外皮一起落下。皮肯核桃在外皮之外還有一層保護，那是像樹皮一樣的材質，大約有三公厘那麼厚，會將整個皮肯核桃包起來，使得它像石頭一樣硬。

皮肯核桃的熟成及掉落時間不定，不分白天或者黑夜，它們都會從樹上落下。如果是有樹皮般保護層的皮肯核桃落下時，那聲音奇大無比，像是有人重重敲了屋頂一記。

所以我在睡夢之中，不但有拉奇的夢話伴隨，還有那不斷匡匡掉落的皮肯核桃配樂，只能用「精采」兩字形容！

傑堤居還有另外三隻狗，其中包括弗弗、傑克、譚咪，他們三者都是十一、二歲左右。弗弗及傑克是公狗。

不過在我散步的時候，拉奇是最喜歡跟著我離開傑堤居的狗兒，其次是弗弗以及譚咪。

弗弗年事已高，年幼的拉奇已經開始挑戰他的地位，常常對他做出咬、扯、跑等等動作。拉奇想和弗弗玩，不過也有點挑釁他的意思。平常時候弗弗是不理拉奇的，但是遇到拉奇行為過度的時候，弗弗會生氣地回咬拉奇。

弗弗的回咬可不是拉奇的好玩的咬，他是真咬。

所以為了讓拉奇不要在我散步的時候激怒同行的弗弗，也避免拉奇在興奮過度的情況之下，突然一把撲到我身上，讓我的衣服上面沾滿泥巴，我學會了當拉奇在我身邊時拿根樹枝在手上，一旦他開始做些不適當的舉動，我就用樹枝往他屁股上敲。他的皮雖然很厚，不過看來還是會痛，幾次之後他看我拿起樹枝就知道不能造次，他會垂著耳朵、眼神放低，安份守己下來。

我散步的地點就在離傑堤居不多遠的山路，它的寬度可以通一輛車。其實過了外面的橋要進到傑堤居的路，就已經沒有鋪柏油了，山路沒有鋪上柏油，兩旁全部是原始的森林模樣，還有一些很小的通道不知通到哪兒。我曾經看過有小學生、中學生從通道裡面走出來，像是要去上學的孩子，但他們不是完全不會說英文，就是只有很淺的英文能力，所以他們無法回應我對他們居住地點的好奇。

實在很難想像他們到底住在什麼樣的地方，可是我也沒有勇氣獨自帶著狗兒走進去，因為那看來像是沒有盡頭的深，完全被高低顏色不一的樹木所包圍。

實際上，就算我走的是主要道路，也常常是在上山到下山的整個階段裡面，看不到一個人。我從上山到下山，往往得花一個小時的時間。

山坡地有時很滑，因為正好是秋末冬初，所以天氣有些溼冷，白天的太陽看來溫暖，但常常還是天冷。

走在像是原始森林的山裡，常常聽到樹林裡面細細碎碎的聲音，我猜想應該有猴子在那裡面跑來跑去。從樹頂望去的藍天，有時灑落了幾片雲，實在有股說不出的寧靜氣息。

另外，各種鳥兒的聲音也總是在山上響著，使整個地方充滿靈氣。有幾回我一面走一面唱歌，或者用拍手的方式要把跑到樹叢裡面的拉奇給叫回來，這時，樹上的鳥兒也會跟著我的拍子一起唱和，實在是一種特別的經驗。

要不是在較高一點的山坡地上住了一些人家，使得這條山路有了相當零星的人車往來，我想這個地方應該更加能夠維持它的原始風貌。

傑堤居就在這山路的山腳，從傑堤居出門後往另外一個方向前進、不朝著山上走，會直接通到海灘，那條路我也曾經去過，但是因為拉奇總希望在路上和一些人家養的狗兒「交流」，我覺得往海邊的路，特別難走，不停要避免狗與狗之間互相叫囂的失控情況。尤其是那條路上的第一戶本地居民人家，他們的狗兒特別兇，而且還會追著我們吼。拉奇每次看到他們就不停地狂吠，並且跳上跳下，引得那些住在小山坡上人家的狗兒，不但非下來追我們不可，還會露出一臉兇像。看到這樣的情形，我每每十分害怕，因為他們這樣叫來叫去、而且又顯得具有攻擊性，讓我怕他們會不小心傷了對方。所以我總是避免走那條到海灘的路程，反而常常往山上走。

我惟一一次真正走到了海邊，是避開了拉奇，和加拿大義工茱蒂一道走的。我倆在路上特別開心，天南地北地聊著。那是我們第一天家庭訪問結束的午後，那天是週六，我倆三點多出發，卻沒想到海邊的路那麼遠，回程的時候還在海邊迷了路，又再轉回海邊，請人為我們帶個路。為我們帶路的兩位中年男子甚至問我們願不願意陪他們釣魚、看夜景，真是令人不悅的經驗！回程走到一半，大約不到六點，近冬天的聖約翰港，天色已經全部暗淡下來，兩個女子走在路上又沒有帶手電筒，是有些毛毛的感覺。還好大衛機警，開了車出來找我們。他非常生氣地警告我們日後不可如此。

那真是一場令人難忘的經驗！

而另外的這一天，拉奇跟著我，為避免發生他與「鄰人之狗」的「紛爭」，我們還是朝著山上走去。結束行程之後，剛剛從山坡走下來，我就遇見了四個小朋友，兩男兩女的本地人，看來大概三年級左右的年紀，他們之中的一個小男生，手上提了一個大水桶，究竟有多重我也不曉得，但看他很吃力的樣子，要兩手拉著而且身體往後仰，我想是很重的。

他們四個看來是朝著海邊方面行走，我試著和他們講英文，只有拿水桶的那個孩子會說一兩句，他說他們正要回家，我問他在哪個方向，他朝前面指一指。

他指完了以後，我從他手裡把水桶給接了過來。小男孩兒也並不防範，一點兒都不怕我把水桶給搶走，是完全信任我的樣子。

水桶是白色的，上面有個黑色的蓋子把它關了起來，裡面的東西是什麼我也不知道，他們讓我替他們拿著。大水桶確然很重，不一會兒我感到手痠了起來，真不知道這幾個孩子到底已經走了多遠的路！也許他們會在路上換手也說不定，不管怎樣，他們肯定是走得非常疲累了。

一路上我指著這一戶、那一戶，問他們是不是他們家，結果都不是。一路上我們有時互相望望、笑一笑，因為他們的英文不是很溜，我也不會說本地語言，再加上他們很害羞，所以我們只是默默走著。

到了最後我才發現，原來他們就是小山坡上面那戶有著「鄰人之狗」人家的孩子！那戶人家有很兇猛的惡狗！

當我和他們到了小山坡下的時候，我想著：如果是孩子自己來扛，他們要怎麼拿上去？因為小山坡非常地陡，他們小小的身體是無法把東西拿上去的！那應該會有大人來幫忙吧？或者，他們已經習慣於這樣的環境，自己有辦法把東西拿上去？

總之，我當然要替他們把東西往上拿。不過，就在我還要再往上爬一點的時候，狗兒從家裡面衝了出來，不停對我這個陌生人狂吠。還好，這時拉奇已經不在我身邊，他大概在我們經過傑堤居時回家了，兩隻狗因此無法打架。那幾個孩子為了保護我，對狗兒大聲吼著當地話，想來是命令他們回到自己家裡面去，別在那兒嚇我或者咬我。

狗兒也果真退了回去。

我把水桶子放在坡上，對他們揮揮手。然後有點捨不得他們，我用手勢告訴他們我想摟摟他們。他們一個個激動而且開心的又跑了下來，緊緊地抱著我。之後，我真跟他們揮手道別，回轉到傑堤居去了。

才到半路，兩個孩子追著我跑了過來，那是四個孩子其中的兩個女孩兒。她們羞答答地看著我，一直跟著我走啊走，直到我住的傑堤居前面才離開。

我望著她們的背影想，能不能讓我每天為他們提一次大水桶？再不然，能不能讓他們每天跟著我到希頌刻學校去讀書、到傑堤居裡面看拉奇抓貓咪和小雞？

他們在小山坡上面的家裡，可也有一張溫暖的大床，能讓貓咪偷偷爬上去，緩緩入眠？

21 沒錢吃飯的瑛汝庭

我把一串葡萄拿給絲貝琴兒的時候，瑛汝庭看到了。

瑛汝庭很瘦小，沒有絲貝琴兒那麼高，但瑛汝庭已經四年級，比絲貝琴兒還高一個年級。

她的頭髮剪得很短，是有點偏紅色的捲髮，比絲貝琴兒的還長一些。絲貝琴兒的頭髮是接近頭皮的長度。

瑛汝庭望著絲貝琴兒把葡萄收到書包裡面，眼神一直沒有離開過絲貝琴兒。我請瑛汝庭過來，但她已經不願意看我，更不願意走到我的面前。

瑛汝庭的同學們看不過去，覺得她沒有禮貌，於是跟瑛汝庭說老師在叫她，要她走到我的面前。她卻仍然不願過來。

我請英文比較好的安特琳娜用當地話告訴瑛汝庭，老師會給絲貝琴兒一串葡萄，是因為昨天家庭訪問的時候，我到了絲貝琴兒家裡，看到她們家的生活條件欠佳，常常沒飯可吃，所以我給了她一些葡萄和其他的食物，希望她帶回家裡面去給她的母親。

我還請安特琳娜告訴瑛汝庭，老師這一次沒有時間到每個小朋友的家裡面去，所以沒有辦法了解瑛汝庭家裡面的狀況，而且我們車已經開到瑛汝庭家附近，已經要去拜訪她的母親，卻沒想到她的母親不在家，所以我們才離開的。如果可以，希望瑛汝庭讓老師以後有機會可以去她們家做家庭訪問，這樣好嗎？

瑛汝庭聽我講這些話，一動也不動，而且沒有任何反應。

下山的時候，我和學生們前前後後一大夥人，瑛汝庭特別走在很後面，我叫她、她的同學喊她，她都不應聲。

我心裡想，瑛汝庭的家，肯定比絲貝琴兒好不了太多，否則她不可能這個樣子。

第二天，我請若絲載我到鎮上的超市，把我放下來之後，她去忙她的再到超市門口接我。

我推了一個像台灣的量販店裡的手推車，裡面塞了土司、奶油、起司、優酪乳、零食、蘋果等食品，心裡有點害怕，不知我的信用卡在小鎮裡面得不得用，否則我身上的現金不夠。還好在付帳的時候沒有遇到任何麻煩，若絲也已經在外面開著小卡車等我。我們把東西搬上車，一直開到了學校。

到校時正值中午休息時間，小朋友們正在太陽底下踢球，玩得滿頭大汗，一看到我進了學校，他們就衝到了卡車邊兒。我把門打開以後，將車上的食品一袋一袋拿下來，讓學生一袋一袋提進了三、四年級的共用教室。學生看著那些吃的東西，很快地全部湧進了同一間教室。他們的人數比我所估算得多，因為一些本該放學回家的，父母親為他們繳費的交通車還沒有來接他們，所以我要他們全部坐好，並且發東西給他們吃。

賽門老師就在旁邊，我請他先讓沒有吃午飯的孩子到前面排隊。

總共有五、六個孩子，他們之中好幾個，都是長期沒有帶飯盒到校的孩子，經常性的省略午餐。

其中一個就是瑛汝庭。

我替他們每一個人做了特大號的三明治，裡面有奶油、起司，還給他們一人一杯優酪乳及一顆蘋果。

瑛汝庭望著我，非常開心地笑著。

她的笑容使我獲得了滿足，但也使我的內心，一抽一抽地酸楚著。

如果不是進行了家庭訪問，我真的難以相信，好些學生是用那樣的方式長大……

而我的手上拿著刀，刀上抹著奶油，擦在土司上面，讓比較懂事而又自願幫忙的幾個四年級孩子，把土司一片又一片，遞到那些歡喜的孩子的面前。

我看著先拿到的孩子大口的吃著，我也不停地抹著奶油。

一片又一片。

一片又一片。

什麼時候學校可以聘得起一位煮飯工，每天為這些常常饑腸轆轆的孩子們，準備餐點？

明天我離開了以後，下次什麼時候有機會再到這裡，為他們買一些小點心，讓他們愉快地吃著？

22 由我提出計畫家庭訪問的事宜

在開始警覺到我必須了解這些兒童的家庭背景和生活場景時，已經是我和他們相處約兩週的事情。

這一次的停留時間只有三週半，所以我知道自己如果要進行家庭訪問，必須快馬加鞭策劃這件事。

為什麼家庭訪問在我心目當中，如此必要？

最大的原因可能是我受到台灣教育的影響，小時候老師會到家裡面進行家庭訪問，和父母做溝通，這個畫面一直存在我的心裡。

在教師訓練課程時我告訴這些老師們，就教育者的角度而言，如果我們可以進行家庭訪問，見到學生的家長，那麼就代表教學者和生養者之間，建立了某種溝通的橋樑。這種溝通不但是一種情感的建立，亦可以為日後奠基，假若學生在校發生任何狀況，老師們將可依尋學生的背景做處理，而曾有一面之緣的父母亦可經由老師的解說，明白學生的處境或者所遭遇的困難。

除此之外，身為一位教師，對於班上學生的行為掌握方式有很多，其中一個當然是掌握學生的家庭背景。如果知道學生的居住環境、父母的教育水平、及其他一些細微的項目，對於教師來說，是極為有用的資訊。

對於一些不方便讓教師進行家庭訪問的家長們，我建議老師們可以用書信的方式與他們溝通。但是如果家長願意接受這樣的家庭訪問，那麼我們也必須建立起一系列的問題，詢問他們，以便了解學生的背景。

這一系列的問題本來只有初步規劃，由我在教師訓練課程裡面，做了拋磚引玉之後，大家腦力激盪，又產生了更多的問題。

我回到傑堤居之後，獨自再經思索及整理，並且再添加些許問題，進而匯整為一個有些像問卷或提示的表單。

我和妃歐娜是學校裡面第一批開始進行家庭訪問的老師。

我們在每一個家庭裡面所提出的種種，就照著這張表單走。

有了這些做為依據，我們的家庭訪問顯得相當有效率。我和妃歐娜兩人，時而一人提問、另一人記錄，將我們所看過的家庭，一一予以記實，日後，這些記錄可以歸納為學校裡面的學生檔案。

我在下面的篇章挑選兩名兒童的家庭訪問部分記實，讓讀者們了解這些兒童生活層面一二。為了保護這些孩子及尊重他們的隱私，絕大多數的資料我選擇不公開，公開的目的純粹是為了讓讀者了解這些兒童們的生活場景。

23 絲琴貝兒的母親和她的小房子

我所停留的傑堤居，要過一個橋，再由公路上面彎下來，才會到達。從公路進到傑堤居的小道，已經沒有柏油路面，地上是泥土和大小石塊，坐在車上的時候，一顛一簸絕對不是誇張的形容。

傑堤居離公路是大約一分鐘的車程，這是從傑堤居出門後往左彎的路線。原來，我只道從傑堤居出門向右彎，會一直通到海邊。那條路我曾經走過，但也只是用步行的方式，沒有開車，然而第二天的家庭訪問行程中，凱文開著車，帶著我和妃歐娜、茱蒂，一行四人，出了傑堤居就是往右彎。沒有想到的是，在到達海邊之後，也就是我原先以為的那條山路的盡頭，山的後面卻還有路。

那條完全沒有鋪柏油的路，一直通到海岸線上面的山裡，彎彎曲曲，幾座相連的山的正中央變成圓心，我們的車在圓周外不停的繞行、向上、繞行、向上，一直到海平面離我們愈來愈遠，一直到見牛和羊和驢子站在那海風吹拂的大地上吃草、發呆，一直到從山坡上面往下看，海岸線變成一條彎彎曲曲的迂迴線絡，海平面呈現各種不同的顏色，我們才到了一個像村莊似的地方，見到了零星的房舍。

絲貝琴兒的家，是那些房舍裡面的一個。從外面看起來，它是六角形，用水泥糊成的牆壁作為房屋的本體，房頂則是以鐵皮蓋著，立在高高的山坡上面，冬天想必相當之冷。

我們去的時候絲貝琴兒不在家，是她的母親和一位姊姊出來招呼我們。絲貝琴兒的母親是一位相當純樸的當地婦女，會幾句簡單的英文，其他時候，是妃歐娜與她用本地語進行交談。她看到我們的時候，露出了欣喜的神色，與我們親吻及擁抱。我以不純熟的當地語和她打招呼，使她放聲笑了出來。

絲貝琴兒的母親身高大約一百五十五公分左右，頭上纏著當地婦女慣用的布巾，身上穿的是暗色系的衣著，耳朵上面掛著耳環，臉部比較明顯的特徵，是在嘴巴附近隱約有一點胎記的痕跡。

一扇窄門引我們進入了絲貝琴兒的家。空間大約五坪不到，廚房用具、床鋪、櫥子、椅子，全部都擠在裡面。這就是他們家的全部可用範圍。沒有洗手間，沒有地方洗澡或者如廁。沒有書櫃、電視、衣櫃、音響、空調、火爐、或者裝飾牆壁的畫作。

這是他們的家。

我和妃歐娜分別做了自我介紹，並在說明來意之後，開始照著我們已經設計好的表單，詢問絲貝琴兒的母親一些問題。主要發言者是妃歐娜，她在聽過絲貝琴兒的母親的描述之後，再轉譯給我予以記錄。

令我訝異的是，這一間小小的屋子，一張長長的板凳，兩張不大的床，要擠下絲貝琴兒和她的另外四位兄弟姊妹，以及她的母親。

絲貝琴兒的父親有兩個老婆，現在與我們講話的是他的大老婆，絲貝琴兒的父親與他產下了五個孩子，但是卻長期與他的小老婆住在一塊兒。

絲貝琴兒的母親沒有任何工作能力，是靠著絲貝琴兒的父親當司機來賺錢養家，自從絲貝琴兒的父親另結新歡之後，他很少回到這個家裡面來，也不往家裡面拿錢。這造成了在這個屋簷底下的一家六口，常常沒有早餐、中餐可吃，晚餐也只是拿一些青菜和簡單的米飯來糊口。

絲貝琴兒的母親說絲貝琴兒每天晚上七點鐘就上床睡覺，這是因為家裡面不但沒有足夠的照明，而且沒有電視可看，也沒有書籍可以閱讀。

我們的表單之中有一個問題，這是當時由我自己加上去的，我想知道孩子們在家裡面除了制服和穿到學校裡面的一雙鞋子，還有沒有別的衣服及鞋子可穿。

絲貝琴兒的母親對妃歐娜說，絲貝琴兒就只有一套衣服、一雙鞋子，別的什麼也沒有。

表單上面的最後一個問題也是我所提具，因為我希望了解這些孩子們有沒有到過其他南非省份、其他國家等等旅行過。絲貝琴兒的母親說他們這一家人，從來沒有出過聖約翰港。

絲貝琴兒的母親說她之所以送絲貝琴兒到希頌刻學校，是希望她可以得到專業知識，她尤其希望女兒可以學會電腦語言，把英文說好，有了這兩樣東西，她認為女兒的未來會較有發展，不會落入和她一樣的生活困境裡面：沒有一技之長，無法提供子女溫飽。

我和妃歐娜、茱蒂離開的時候，心情都很沉重，因為這個家庭簡直一無所有。茱蒂說她希望馬上把絲貝琴兒帶到鎮上的店裡去，為她買一些衣服和鞋子，或者由加拿大多帶一些衣服及鞋子到南非去。

而我滿腦子所想的是，該怎麼樣讓這位母親能夠學會能養家活口的技術。這些孩子每天連吃的都成問題，絲貝琴兒哪能夠專心上課？她營養不良而且肚子餓，難怪上課的時候，常常趴在桌上不說話，兩眼無神。

我的思緒不斷不斷的轉動著。

我看到了妃歐娜拿出一張紙鈔，塞給了絲貝琴兒的母親。

我還看見了在這個離希頌刻學校幾乎一個小時車程的地方，有不少和絲貝琴兒家一樣的房舍。

那些房舍裡面，是不是也有著相同的故事？

這也許是為什麼安特琳娜的父親，一位受過高等教育的紳士，會希望在這個區域辦一個幼稚園的原因，身為當地人的他，擁有較好的生活水平，但是也知道在這個地方，人們簡直三餐都成問題，更沒有閒錢和餘力來讓自己的孩子，正常攝取營養，正常上學讀書。

我們在找不到絲貝琴兒的家的時候，妃歐娜曾經請一個當地孩子帶路。這個孩子大約已經六年級或者七年級，一句英文也不懂。我想也許此地的孩子的學習水平，僅限於此。

班上三年級小男生海肯的家，就住在絲貝琴兒家的隔壁，可惜他的母親到鎮上去了，我們無法訪問她，但是海肯每天有沒有飯吃呢？海肯在學校的時候，和絲貝琴兒一樣，會趴在桌上，兩眼無神地注視著遠方，會不會海肯也是一個每天都吃不飽的孩子呢？

妃歐娜告訴我，在班上，絲貝琴兒很喜歡和她的女兒凱撒玲一起玩耍，有時候凱撒玲會拿些東西給絲貝琴兒吃，但是妃歐娜完全不知道絲貝琴兒的家裡，生活條件如此惡質。

妃歐娜還在替我翻譯時提及，絲貝琴兒的母親是一位虔誠的基督徒，她的信仰支撐著她要勇於向前，為了她的孩子而堅強起來。因此即始生活條件如此惡劣，她還是苦苦撐了下來，也不會怨天尤人。

絲貝琴兒的家在一處高高的山坡上，有遼闊的視野，不過，在這個風景秀麗的地方，我卻怎麼也描述不出它秀麗的風情了。

這個世界上貧富差異的懸殊，簡直讓人懷疑天理是否存在。

我在台灣的朋友們，花費在和家人聚餐一餐的費用、或者買一套名牌服飾的費用，就遠遠超過絲貝琴兒和她的兄弟姊妹，一個月的伙食錢，可是絲貝琴兒的母親還有她的鄰人，卻連這樣的費用也付擔不起，家裡的米缸可能連米也沒有。

當我想起這個世界到底有多少人，是處在戰火之中，是處在飢餓之下，每每久久不能自己。

我常常不知道該從何幫起，該如何下手，後來我決定了，就是從一處極其微渺的地方開始做起，也許慢慢的，只要我還活著，只要我還有一口氣在，就能夠想出一些法子，協助更多的人，至少有飯可吃、有衣可穿、有書可讀。

所以我想，天上應該有神。

至少我的老天爺，把我從台北，牽引到了絲貝琴兒的家。

我們離開的時候，絲貝琴兒的母親又緊緊擁抱了我們一次。她是如此貧窮，卻又如此挺起腰桿地活著。妃歐娜告訴我，絲貝琴兒的母親一直在等待我們的來到，所以本來她也要進城去的，卻沒有離開。我真心地為了她的誠懇而感動，這是因為我們到達的時間很難固定，而且學生的家不像在台灣有住址可尋，他們的房子散布在各個難以用住址訂出的角落，有時十分難以尋索。

告別之後，我們各自有著一些心事。車子慢慢往山下行駛的時候，凱文很體貼地停下了車，他問我們要不要拍一些風景照，因為車子向下俯瞰，可以見到海岸線和層層山巒疊繞。尤其茱蒂想和驢子照像，來自加拿大大城市的她，對和驢子照像這件事，一直很熱衷，可是一直不敢鼓起勇氣走到驢子身邊。實際上她是一個動物愛好者。前些日子我和她在海邊迷路那一次，是她第一次發現了樹上的猴子，雖然她只看到了牠的頭，而且只是驚鴻一瞥，她卻已經喜出望外，不停地提起這件事兒。於是妃歐娜和凱文仍坐在車裡，我下了車，準備替茱蒂拍照。

她很怕驢子會咬她，我說，妳慢慢地走，不要太快，然後若無其事地站在那兒，驢子是不會拿妳怎樣的。

果真，她站定了，我也替她取得了一個頗佳的角度。拍完之後茱蒂問我要不要也拍一張，我往驢子所站的地方的後面望去，看到了絲貝琴兒的家。

想著絲貝琴兒的生活場景，我說我不拍了。咱們走吧。

但我的心裡知道，我是不會真正遠走的。我記著那個陡坡，陡坡朝下望的時候的海洋，和陡坡上面的窮苦人家。

我不知道我們誰是驢子，但是，有些人有很硬的脾氣。富裕的人一毛不拔，窮困的人無法接受援助。

有一天，富裕的人和窮困的人如果要站在一起照一張相，那就像一個人走近了驢子卻怕被咬，道理是一樣的。

實際上，沒有人傷得了誰，只要心平氣和，就能夠站在一起，呈現和諧的畫面。

當車子往下開的時候，我想，也許我是個攝影師，要想辦法將有很硬的脾氣的人們，放在一起。富裕的人和貧窮的人，因此能夠拉近彼此之間的距離，拍攝一張取景優美的相片。

這麼一來，當老天爺看到了，祂也會記得這個美好的畫面，再派更多的人，前去絲貝琴兒家鄉所在的陡坡，不管是和絲貝琴兒也好，是和當地其他的人也好，是和驢子也罷，一起留下更加珍貴的畫面。

老天爺應該還會派遣更多的人，到達像絲貝琴兒家鄉一樣生活條件的地方，了解這些人的苦楚，進而走入他們的生活，留下更多值得紀念的故事。

不知屆時，在那些感人的畫面裡面，我能否扮演自己期許自己所應該扮演的角色？

24 不會說英文的巴添

巴添是我上街去的時候，絕對會跟著我的另一個孩子。他不會說英文，不會拼自己的名字，與同儕戲耍的時候，有一鼓兇猛的狠勁兒，但是私底下走在我身邊的時候，他顯得十分乖巧，也會在我叫他名字的時候看一看我，讓我確定他聽到我所說的話。

如果只有我和他在一起，我們倆個完全沒有任何語言可以溝通，我只能用猜的，因為他是一個沒什麼肢體語言的孩子，他也不太肯說話。

我和妃歐娜是在第一天家庭訪問的時候，把巴添的家放在最後一站，因為他的母親就在鎮上擺攤子做生意，我們直接詢問他母親即可。

第一天家庭訪問和第二天的不同，那是星期六，而且開車載我們的不是凱文，而是華裔南非人馬汀。馬汀是另一名義工，他原本是不必開車的，但是因為凱文載著我們早上由傑堤居出門時，遇到了警察臨檢，我們正巧遇上了官位最大的警官，他看了凱文的駕照，說那是澳洲的，在南非不合用，所以命令他不得開車。同時，當時凱文開的那輛車，也就是我和妃歐娜、茱蒂坐在裡面的車，原是大衛的，不過行照已經過期，除非再辦，否則那輛車應該停駛。

於是我們在馬路中間被攔下來以後，凱文打電話請大衛馬上來，因為他既不能開車，那輛車也無法使用。

大衛到了以後把我們幾位女子先載回傑堤居，再走回大馬路上去找守著他的車的凱文，然後把車先開到阿瑪傍多去接馬汀，為了不延誤家庭訪問的時程，請馬汀開車載我們去學生家裡，然後大衛再把那輛行照過期的車，開回傑堤居。

凱文那天只好先休兵一日。

基本上他們說只要是上面有英文字的國外駕照，在南非都可以使用，不一定非要國際駕照不可，只是那天我們遇到的是大官，他辦事兒嚴格一些，所以載著我們到處跑的是馬汀。

馬汀是華人在南非第三代的子弟，在約翰尼斯堡長大，受過良好的高等教育，也到英國工作過，不但有企業頭腦，處事也有效率，往往在我們開會的時候一針見血直指弊端，或者提出發人深省的問題。和他溝通卻也不能使用中文，因為他的家族到了他這一代，中文能力已經幾乎是零。他目前在約堡的一家電信產業工作。他身為南非公民，選擇到聖約翰港一地從事義務服務工作，是因為在他的認知底下，聖約翰港一地確然是南非的貧瘠地帶。

我們折騰了老半天上路以後，走的是和第二天的原始山路全然不同的公路，從傑堤居出發，一路上幾乎都是平坦的公路，到達某一定點之後，再繼續由羊腸小徑內穿梭。訪問了幾個家庭再回到市集，已經是下午時分，雖然我們中午曾經吃過了些麵包、水果等等，馬汀和茱蒂還是想去肯德基，因為茱蒂特別想念那油膩膩的炸雞。於是馬汀和茱蒂朝著速食店走，我和妃歐娜則試著找尋巴添的母親。

巴添的母親不在攤子旁邊，她的朋友跑過了一條馬路，到了別處把她給喚了回來。我們三個人坐在超市邊的桌椅，進行面對面溝通。

巴添的母親告訴我們，她之所以讓巴添進入希頌刻學校就讀，是因為她希望他能學好英文，將來能夠找個好工作。

而且，她知道巴添比較懶惰，需要別人在背後督促他，可是在公立學校裡面，老師是不管的，就算巴添不做作業，老師也不會硬逼他，因為學生人數太多，老師管不了那麼多孩子。因為巴添的懶惰，再加上老師無法針對他的個別行為做修正，巴添因而成為一個很多事情都沒有學會的孩子。在知道希頌刻學校即將成立之後，巴添的母親希望他不要再待在公立學校，繼續沒有進步的學習，而且一句英文都說不出口，因此把他送進了希頌刻學校。

我沒有親眼看到巴添的家，所以無從判斷他的生活場景，不過巴添目前最嚴重的問題，一如我在前面所提，是不會英文的拼字和不會以英文與人溝通。

然而學校的課程設計裡面，本來就安排有程度低下學生的個別輔導時間，此種個別輔導是由義工們來進行，由老師提出需要輔導的方向和學生姓名，再由義工以一對一的方式，為這些孩子們進行教學活動。

這種一對一的輔導，義工們就算沒有任何教學經驗，經由簡單的重點提示，也可以應付裕如，而且，這種輔導如果持續進行，也可以看到顯著的效果。

在我處於當地的三週半時間，經過義工們的協助，巴添已經漸漸可以拼得出自己的名字，也慢慢願意開口做簡單的英文招呼語對談，這是件可喜可賀的事情。

假設他的母親所給予我們的訊息無誤，也就是巴添本身較為被動，需要有人在後面推他一把，而我們也接收到這樣的訊息，不斷安排義工為他做個別輔導，我認為他的進步指日可待。顯而易見的，這是家庭訪問的功能之一，而透過了解個別的學生，我們得以提供他們在學習過程裡的必要協助。

由上所述，即始此落後地區，學生的家庭背景亦有差異，我們可以做的是盡量照顧到每一位學生的需求，使學生能夠體會有人真正在乎他們的成長、學習過程、及未來的發展。

許多在希頌刻學校上學的學生，都非常喜愛到校上課。也許這其中的一個重要原因，是他們能夠感受到他們週遭的人們，都盡力希望他們能夠有更好的遠景。

25 這次是一個人造訪了南非，以及到達偏遠地區

這一次前去南非，離我上一次前往，已經相隔多年。

我無法和那些過去的本地朋友們做連繫，這是因為我已經遺失他們的通訊方式。這是一件相當可惜的事情，他們在我的印象當中，留有如此深刻的畫面，那是由於他們的友善和好客，熱情及開朗。

我記憶最深的是丹，還有他的好朋友歐巴。他們所居住的地方，應該與約翰尼斯堡位於同一個省份。

我很想念他們，不過，既然沒有辦法連絡得上，我便在心裡面祝福他們諸事順遂。只是當我從聖約翰港坐了夜車到達約堡，在那清晨五點半的時刻，一

個人站在車站大廳，突然那時丹及歐巴的笑容充滿了我的思緒，人家都說約堡的治安不佳，我雖然有警覺，卻不感到害怕，也許我這知道這些朋友們，就身處在離我的不遠之處。

等候許久，旅店的工作人員終於到了車站，他是接我來的。經過一段時間到了旅店之後，我把行李放下，便詢問當地是否有超市。長期在肯亞工作的一位英國人要到市裡的方向去，他說他會經過超市，很樂意為我指路。於是我跟他走了十五分鐘左右，來到了我的目的地，他繼續前往市中心，我則在那兒買些必須品。

超市的員工相當和氣。在我買水果的時候，一位員工很細心地替我包裝、秤重量，與我閒話家常。我逛了老半天，還買了一個甜甜圈，打算在次日上機之前細細品嚐一番，這才前往收銀台。

付帳的時候，本來排的那一列，前面的女士正在翻找皮包裡面的錢，看來還要一陣子，而另一個收銀台沒有顧客排隊，我便往那兒走去。

一位十分友善的女士是該櫃檯的收銀員，我們相視而笑。因為感到她的友善，我告訴她真應該以她的國家為傲，南非是一個擁有各種風景及不同風俗民情的國家。

我還主動說我才剛剛由聖約翰港回到約堡，次日便要啟程離開南非，但是，我希望很快能夠有再度造訪的機會。

她說她希望我一定要再回來。因為這個國家的確很美，而且這個國家會需要我這樣的人。

她告訴我她和先生在約堡的生活，由於社會及政治的種種變化，並不平順，反而遭遇極大的困難。他們還育有兩個孩子，一家人很努力地撐著。

這是她內心的聲音，我不知道自己有什麼樣的力量，讓她在瞬間對我說出了心裡話，但是她非常誠懇而實在，於是我說我想冒昧請問，她的孩子年紀還小，那麼，她和先生的感情不知好不好？我會問這麼私人的問題，倒不是我的一般作風，而是因為在聖約翰港看到太多單親家庭，常常是母親帶著孩子生活，異常辛苦，這也連帶造成他們的孩子在求學及生活上面的，種種不便。

她說他們的感情不錯，而且孩子也很乖。

我聽了之後如釋重負般笑了。我說這樣應該不會有問題。而且我告訴她，她是一位很真誠的人，老天爺會保佑她度過難關，我也會為她祈禱一切平安。

我稱讚她的髮型很好看。

我沒有告訴她，她也頗會化妝，那妝不會過於豔麗卻也不隨便，顯示她是一位很重禮節的婦女。

結果她告訴我她是一位美髮師，這個收銀台的工作只是兼差性質。她說也許下次我再到南非，再到同一家超市，卻不一定找得到她，她有時在超市，但絕大多數的時間，在美容院裡工作。

我於是問她的名字，然後反覆唸了幾遍。

沒有想記下她的住址，雖然很想，但是我忍住了。

有一些記憶是清清如水的，摻進了太多元素，反而破壞了記憶本身的純粹。我熟記了她的名字，能夠在想到南非的時候想起這個名字，對我來說，已然足夠。記下其他的資訊卻無法探望她的話，反而憑添幾許愁悵。

我把所買的物品一樣一樣裝入袋子裡面的時候，她摸著她的胸口，突然對我這麼說：

「我剛剛就有感覺，不知道是什麼要出現，一個很特別的東西，就在我的後方，（她的手指著我挑水果的地方）……原來是妳。妳真是個天使。」

我傻傻地笑著，說不出什麼話。

我但願我真是天使，可是我知道我不是，僅僅只是一個凡人，有凡人的思想，凡人的行為，徹徹底底的不是個天使。天使不知道生成什麼樣子？不知道是不是能盡除凡間之苦？天使，都在什麼時候出現呢？

很快地，她將我所購買的物品算好了帳，我付清了錢，到了要離開的時候。我輕輕拍了拍她的手臂，很真摯地。如果沒有中間的櫃子擋住，如果她不是穿著制服站在她的工作場合，我會想擁抱她。

她像是看得出我在想什麼，眼睛裡面突然染上了一層霧，淚水，幾乎就要滑落。

波霞，此刻的妳，還好嗎？就在我離境之後不到一個星期，妳的國家又面臨了空前的難題（此指南非人不滿辛巴威人因境內通貨膨脹之故，大量移入南非並剝奪當地人工作權。因此，首都約堡發生南非人殺害及攻擊辛巴威人事件，造成動亂）。妳和妳的家人是否都平安呢？

我感謝妳在超市的出現，讓我此次的南非之行，又劃下了一個完美的句點。我不會忘記妳的，因為妳和丹及歐巴，你們的性別不同，卻都有一式的熱情，一樣的誠心。

希望下次再到約堡，再進到同一家超市，還遇得到妳，並且希望妳告訴我，妳過得很好。

波霞，妳知道嗎，因為天使存在於妳的心裡，所以妳才會看到他人，想到天使。我期望妳心裡面的天使，保護著妳，守候著妳的家人，時時平安，不必為生活之苦，太過勞累奔波。

26 離境時的二三事

一

在約堡停留一夜的我，第二天一大早便動身到機場搭機。開車帶我到機場的，仍然是到巴士站接我的阿孟；前一天他已經告訴過我，他的工作非常辛苦，而且他也不喜歡他的工作。所有在旅店住宿的人的交通往來，都是由他負責，他可能一天睡不到三、四個小時，大半夜要到機場、清晨要到巴士站等等。他總是在工作，沒有休假，不能回鄉。他的口氣當中充滿無奈及憤怒，因為他認為他所工作的地方，沒有適當的管理人。

我沒有置喙的餘地，因為我不在那個場所工作。

我卻也並不欣賞他的態度。在一個地方工作，就得學著適應那裡的氛圍，如果不能真實地喜愛自己的工作，也要有一種正面的態度來面對、解決，如果只用負面的態度抱怨，是無法更改任何事情的。

可惜的是很多人都既不喜歡他們的工作，也不能以愉快的態度來面對每一天，最後，他們只是抱怨又抱怨，日復一日地活著。

我雖然不欣賞阿孟的態度，卻仍然感謝他耐著性子開車載我。最重要的，他是我的一個提示，這個提示告訴我，要珍惜當下，珍惜所有，更要愛惜當下的所有，以及這些當下的所有會帶來的，任何在未來的不同可能。

當阿孟把我載到機場時，我給了他一些小費。他相當喜出望外，因為他並不期待會有這樣一筆額外收入。

我告訴他我給他的錢，在中國人的習俗裡代表的是幸運數字。我說我希望他有喜事上門，能夠樂觀地生活，並且找到自己喜愛的工作。

阿孟的眼神當中充滿了喜悅，我看著他離開才進入機場。

有些人之所以抱怨，只是因為他們需要關懷，而這些人所需要的關懷，只是一點點。他們要的不多，可惜他們身旁的人，往往不能理解他們的心境，以為他們天生就愁眉苦臉。

當然，我們也不能怪罪這些無法理會他人心境的人，因為他們的心靈，亦空虛如是，也同樣渴求著別人，一絲絲的關愛。

二

這次到南非，我的行李在我的眼中來說還是多了一些，但是在別人的眼中，我的行李數量，簡直是不可思議的少。

一般我在旅行時，帶的差不多都是這樣的行頭：兩套內、外衣以供換洗，外套一件，一兩本書，筆記本，個人清潔用品。

這一次我多帶了電腦，但是它很小，所以我的整個行李數，只有一個一般大小的後揹背包，和另外一個小型的側背背包。

在約翰尼斯堡機場櫃檯辦理報到時，航空公司的地勤人員一再跟我確認，是否沒有行李要托運。我說沒有。她們顯得不可置信。但我真的沒有東西需要托運，只不過身上帶了一些水果、並有一瓶鮮奶。這些令我稍稍有些擔心，不知能不能通過安全檢查。

水果是為了在乾燥的飛機機艙內口渴而攜帶。鮮奶是早餐的一部分，只是剛剛從冰箱拿出來，我又不想微波，所以帶在身上，打算等一下就喝掉。

進行安全檢查時，儀器掃到了我的鮮奶。飲品不能帶上飛機，我當場被一位態度和藹可親的工作人員攔下，他說我必須選擇當場丟棄或者將它飲用完畢。我說我要把它喝完。

站在那裡喝，其他的旅客來來去去，也同樣接受檢查，看似很多人在看我，我心裡自在，卻也不覺什麼。而且我認為「有人在看」這件事，常常是心裡面的假想之事。

我們總是忘記，人類往往沉浸在自己的世界裡面，所想的是自己的事情。

當有人在看我們的時候，他們常常只是好奇，並不真的想知道關於我們的種種。

就算他們因為好奇，而問了一些問題，這些問題常常也只是滿足於他們提問的能力，不見得出自於希望對我們真心的了解。

我想這可能也就是知心難覓的原因吧？知心是能夠真正站在我們的立場思想的人。但這樣的人，實在不多。一般人在知道了我們的故事，滿足了他們的好奇心之後，就會離開了我們的生活範疇；真正無條件關心我們的人，也許不是太多。這樣想好像很悲觀，但正因為關心我們的人不多，如果我們願意對許多人提供無條件的關心，那就代表了我們在智慧上的高人一等，因為我們懂得嘉惠他人，更懂得他人有他人的難處，不能期望別人對我們貢獻太多。

畢竟一般人常常被困在自己所醞釀出來的，充滿無解難題的局面裡。當一個人被困住的時候，是很難以開放的心胸，嘉惠他人的。看透了這一層，別人對我們有沒有關懷之情，也不怎麼要緊了，我們能不能把別人心裡的結給解開，才更是我們對別人獻出關心的方法。

總之，我在行李安檢處，把牛奶的封口打開，咕嚕咕嚕一飲而盡。

喝完之後我很開心地告訴那位海關人員，我喝完牛奶而且把瓶子放在回收筒裡，現在可以走了吧。

這位海關人員開始問我為什麼不在南非多停留一段時間，下次到南非的時候，可不可以和他見個面，我笑著搖頭，和他說再會。他也很大方地和我揮揮手。我往前走，在排隊驗護照及簽証之處停下。不一會兒就輪到了我。

驗我的証件的男士，非常嚴肅。這讓我想起這次在入境南非，那位海關人員雖然是女性，卻也一絲不苟。她說我只能停留三十天，三十天以後絕對不可以在她的國家繼續待著。就連我出關的時候推著行李車，也有一位官員走過來，問我的職業，在聽到我是從事教職並有正當工作時，才將我放走。我想也許南非經歷了許多非法移民的問題，尤其是像我這樣的黃種人，可能造成他們極為頭痛的社會問題，否則，他們為什麼要這樣呢？

現在這位男士，沒有說任何話，仔細看著我的護照及簽証好一陣子，然後告訴我我的簽証已經過期，二話不容我多說，將我帶到後方一個辦公室裡面。

裡面坐的另一位男士，也很嚴肅，他的身體超出椅子一大半，不知道那張旋轉型又可後仰的椅子，會不會垮下來。他審核我的護照，也看我的簽証，然後說我的停留超過了一天。

我說我在來之前，已經經由南非駐台辦事處驗過我的機票來回時間，才發簽証給我，應該不可能有誤。

這位坐著的官員說他不管這許多，他說如果我有問題，就回台灣之後去跟南非駐台辦事處講。

他霹靂啪拉在電腦裡面打了一大堆字，印表機列印出一張紙，他將紙塞在我的護照裡面，打發我走了。

這全程，那第一位驗我証件的男士都在場，彷彿在監視坐著的官員是否會照章處理。

我不想留在那個辦公室裡面，於是走到一個最近的登機門前，找張椅子坐下歇歇腳，並且把護照裡面那張紙拿出來看了一看。上面寫的約略如下：「此人的停留時間已經超過原訂日期，她原只有三十天的停留期間，但卻在南非停留三十一天，所以該罰南非幣一千元；如果不繳交此一費用，則日後將禁止此人前來南非，直到此人將此罰款繳清為止。」

我感到很滑稽，沒有激動的情緒。

為什麼呢？

第一我的機票訂位，是讓南非駐台辦事處的人員給審核過的。我相信他們的專業。如果有誤，他們應該會在第一時間知會我。所以我返台之後只消到南非駐台辦事處跑一趟即可。

第二，停留三十天和停留三十一天，有什麼區別呢？又不是停留三十天卻在當地待了三十年！

第三，這張罰單上面的名字有誤。我的名字拼音成了「晧王」，「璞」這個字的拼音不見了。正確的拼音應該是「晧璞王」。

我想這樣將造成日後的困擾，所以又走回了那個辦公室。

那位官員仍然坐在位子上面，我告訴他名字拼錯了。他接過我的護照和那張方才列印出來的罰單和聲明，詳細地比對。

這時的辦公室裡面多了四個人，兩位南非人，兩位華人。南非人也是官樣兒的，她們都是女性，坐在椅子上面。另外兩位華人也是女性。也們都站著。

因為她們的英文聽來有中文腔，所以我推測她們必定是華人。

我聽了一會兒，發現她們四人的溝通雞同鴨講，所以我忍不住為她們翻譯。

官員要我問她們到底發生了什麼事情。

這兩位女士說她們來到南非已經一個多月，但在第一天，行李就全部在約堡當街被搶。她們一直在等中國政府補發護照給她們，這一等，就等了一個多月。

官員聽了之後，要我問她們現在想怎麼辦。

她們兩人說她們一開始就想回家，但是沒有護照回不了中國，只好在那裡待著。現在護照已經下來，她們更加思鄉情切，真的是想回家了，希望能夠順利搭上飛機。

這一來一往的交談，我只是擔任雙方溝通的橋樑，並不了解這兩位女士，究竟真正遭遇了什麼。

後來這兩位女性官員說她們理解了，並且告訴這兩位中國人她們可以回家。這兩位中國女士才鬆了一口氣。她們離開時一直與我道謝。我說不必謝了。祝福她們一路順風。

那位拿著我的護照的官員，原本等著要改我的名字，再給我一張新的罰單。他一直在那兒默不出聲，聽著我們這五位女性的交談。在那兩位中國女士離開之後，他問我來南非是做什麼的。我於是大概向他描述了一下我到南非的目的及際遇。說完以後，他說他也不知為何事情會變成這樣（指驗証官員要刁難我多一天的行程），說著說著，他將剛剛才列印出來，已經把我的名字改好的報表給撕了，告訴我沒事兒了，可以走了。

我想，也許是我能夠說中文又能夠說英文，讓兩位女子能夠順利回家，感動了他，使他也想讓我順利回家？

或者他覺得聖約翰港是個偏遠地區，沒有華人旅客會前往，所以感到我很特別？

我不了解他的腦袋在想什麼，而我哪裡知道，去誠實指出我的名字拼音有誤這件事，會使我自己的難題，有了戲劇性的發展。

我們在做決定的當下，往往不知道最後會發生什麼事。但往往那最不經意的舉動，可能有最為深遠的影響。

三

我在登機前遇到一位來自亞洲的華人中年婦女。她與我在等候登機時，談及她的生活、家庭、子女等種種不同方位事情。她之所以從南非搭機，是因為她的先生在外商公司服務，工作地點需要經常調動；目前他被調到非洲，所以這位女士也跟著先生前去。

這次離開非洲，乃因為她想回家探望老母。她的心情是期待而興奮的，我們登機之前，她交待我如果有機會到她的國家，一定要讓她知道，她希望帶我去四處遊覽。

上機後因為飛機並非全滿，我自己換了一個靠窗的兩人座位。當我調整好行李時，隔一個走道的座位，來了一位中年男士，他坐下之後我們相視而笑，我倆於是開始聊天。

這位男士現居南非，並於南非工作，此番是為至亞洲出差而搭機。原來他是蘇格蘭人，老家就在我也曾經去過的愛丁堡，講起愛丁堡的建築，愛丁堡的街上一隻狗兒的雕像，以及新年倒數計時的大橋等等我們都知道的地方，兩人就顯得格外熟稔起來，尤其他還知道我所喜歡的一位英國作家，及依其作品拍攝為影集的筆下故事，講到幽默的地方，我們都心領神會地大笑起來。

他說他不喜歡英國的氣候，也不欣賞他自己同胞的某些氣息，所以試著到別的國家，最後他落腳在南非的德班，因為在那裡，他所居住的地方臨海，而且他的工作是清晨六點開始、下午三點就結束，他可以在海邊慢跑或者戲水等等，從事他所喜歡的休閒活動，他認為這樣才是生活。他掏出他的名片，請我如果再到南非時，去德班探望他，我向他道謝後亦留下我的電子信箱（雖然我常常會忘記要查電子郵件這檔子事兒），請他有機會到台灣的話，也和我連絡。

與這位女士和先生的閒話家常，是很舒服的一件事情。人與人之間所以可以相互了解，也是因為這樣的談天說地而來。我想起在到達南非的第一天，和安在約堡認識的時候，也是如此的東說西說，才會知道她要去做什麼，也才會有我隨她到了聖約翰港，而有了我自己此行在南非的後續故事。

這就是為什麼我常常在遇到一個陌生人的時候，除了提防這個人是壞人之外，一旦談起話來，則不免抱著一顆尊敬的心裡，因為即始這個人是個拾荒者，他所提供的角度，也很難是我所經歷過的。從他的角度，也許我能夠看見一個全然不同的世界。

人和人，總是在最平常的談話當中，看到些許對方的真性情，了悟人我之間相處的道理，並且知曉自己的長處與不足。

四

上機之後，原本應該出發的飛機，整整延遲三個小時才起飛。

首先是等候轉機的旅客。再是因為發現飛機機件故障，於是機體滑行回空橋登機位置，接受檢驗及修復工作，等待再次出發。

機組人員知道有些乘客不耐煩，特別端出良好的服務態度，以及各式各樣的小點心、飲料等等。乘客坐在位子上等待，無法出飛機機艙，只好坐著聊天、打瞌睡、玩撲克牌兒。過了沒有多久，機上娛樂系統開始運作，可以看電影了，於是也有人開始觀看不同頻道的節目。

話說回來，也許是讓乘客等待班機起飛，造成空服人員在心態上面的不同，這一趟航班的空服人員，服務態度是較為謹慎而且親和的。

在飛機終於起飛之後的用餐時間，特別餐（我訂的是素食）的遞送時間，只比一般餐快了一點兒，並不造成任何乘客的餐點先來後到時間相差過長的問題。這顯示熱餐的組員，不但有一定的程序感，也有一定的時效性。

至於在多數乘客休息時的夜空，洗手間則隨時有空服人員進入清理，所以一直保持著乾淨的狀態，給人的是清潔衛生的感覺。

當星星就在窗外閃閃發光時，空服人員仍然不時來回遞送飲品及點心，給未曾熟睡的乘客們。這種飲品及點心的遞送，在我的經驗裡面，往往取決的是當次班機艙等的領導人員，有的人所下的指示是要勤快，有的人所下的指示是可以隨意，這兩者在服務手法上，就會有所差別。

我的身體在離開南非之前，有些輕微的感冒，到了飛機機艙密閉式的空間，又吹著有些強的冷氣，愈發感到不大舒服。冷氣可能真的太強了，我座位旁邊的南非男士，也不斷打噴嚏和流鼻水，附近的幾位也都是如此。這過強的冷氣使我的感冒症狀加劇，我忍不住按下服務鈴，希望能夠拿幾粒感冒藥。長相甜美但做事俐落、個性有些急的空姐，旋即替我拿來兩顆藥片，要我馬上服用，並且告訴我她已經知會同事，將客艙溫度調暖和一些。

接著我又是要熱水、又是要信紙等等，這些空服人員也都非常有耐性地配合著。

對於其他的乘客，這班組員也相當親切。我聽見有人因擔心轉機問題而詢問空服人員，尤其該航班已經誤點三個小時。這些空服人員都很和善地將該如何處理此事，解釋給這些乘客們聽。

坐在走道另外一側的南非男士告訴我，他之所以換位子，是因為他本來的座位旁邊，有一位腿部看來重傷的東方人，上機時他還疼痛地流淚，應是剛剛才造成的傷口。空服人員麻煩這位南非男士坐到前面的位子，並且讓這位東方人坐在靠走道的位子，為他調整角度，使他比較不那麼疼痛。

對我來說，服務業的本質就是這種良質的待客之道。

所以飛機愈來愈接近目的地時，我請空服員拿顧客意見函給我寫。

我之所以知道顧客意見函，是由於在擔任一名空服人員的時候，我發現顧客意見函對一位空服人員而言，代表的意義頗為舉足輕重，尤其當乘客對於空服人員的表現感到滿意，在那樣的情況之下所書寫的顧客意見函，內容不但充滿讚美，對空服人員本身有鼓勵作用，而且航空公司也會依據顧客所書寫的意見函，對空服人員予以嘉獎鼓勵等。當然，如果乘客們在意見函當中所書寫的是貶低及不滿，那麼經過查証屬實，空服人員可能面臨責罰。

既然是服務業，既然站在面對公司客戶的第一線，顧客意見函又是公司客戶的直接聲音，航空公司及機組人員，對於顧客意見函的重視程度，可想而知。這個代表著空服人員表現優劣的意見函，甚至可以帶來空服人員在工作上面的成就感。可惜的是許多乘客並不知道顧客意見函這種東西的存在，他們受到空服人員的良好服務、或者受氣，常常當作沒有什麼，到達旅遊景點或者回到家鄉以後，更可能馬上忘卻了在飛機上面的種種經驗。

我自己在短暫的飛行生涯當中，獲得不少乘客的讚揚，這些對我來說，是很珍貴的記憶。

我和一位中年導遊特別有緣，常常遇到他帶著團員出遊。他每次都叫我小甜甜，還和他的團員說及我，因為他說我實在太愛笑了，看來特別親切。

也曾經有一位在大學任教的講師，稱讚我在服務的時候，懂得和乘客噓寒問暖，需要面對外籍旅客時，語言溝通流利。他在意見函上最後所寫的字句，我一直記得：「……本人搭乘貴公司航班至今，不曾遇過此類空服人員。該名空姊表現，遠勝於貴公司其他組員……」

這些都是溢美之辭，並不代表公司裡面真的沒有優秀的組員，我想他們只是沒有遇過。不過，偶爾當有乘客在顧客意見函中，寫下這些讚美的話語，我所服務過的班機的事務長，也會因為乘客所寫的這些言語，而對我這個資淺組員，另眼相看。

因為這樣，我的服務不但更為順暢，也愈來愈熱愛那在天上飛行的工作，完全不覺得它是「高級侍應生」，或者像一些朋友、師長對我說：「那種工作浪費了妳這樣的人才」。我認為一個人要如何看待他的工作，端看他自己的見解；當然別人的想法很重要，但是自己的認知造成自己的態度，這些認知和態度，決定一個人的專業高度。

一個人在專業上面的高度，可以是公司或者雇主的期盼，但更可以是自我的期許。如果一個人重視自己的工作，他的工作態度就會是慎重的。這種慎重的工作態度，將影響他人看待他的角度。

我不需要別人來肯定我的工作的價值，因為我的專業高度，使我對自己的工作品質有信心。

因為從別人身上得到重視，也因為我對自己的服務品質，有極高、極挑剔的要求度，所以當已經不在航空界工作，但看到別的空服人員的服務手法時，我總會帶著評價的眼光。對於表現低於水平的，我並不會多說什麼，只是謹記在心，告訴自己不能如此待人接物。對於那些表現良好的，我則往往會填寫一份顧客意見函，表達我欣賞他們的服務手法。

我認為讚美別人的話可以多說，這會讓別人感到神輕氣爽。

看不慣別人的行為，則要找適當的時機，以溫和的話語來表達。

對於看不慣的事物沉默不語，卻也是好的。這並不代表忍氣吞聲，而是警惕自己勿有同樣的行止。

真正對我們不友善的人，會有更厲害的人去制伏他們。那個厲害的人不一定是我們自己，也不一定馬上會出現。但是那個更厲害的人，總有出現的一天。因為我是這麼相信，所以覺得有一句台語俗諺說得很好：「惡馬惡人騎，惡人惡人治。」整治惡人不一定要我們自己出手，遇到沒有氣度、沒有禮貌的人，也不用斤斤計較。如果這些惡人不能改進自己的缺失，總有一天會有比他們更厲害的人抓到他們的小辮子，把他們好好修理一頓。

不論如何，在我由南非飛回亞洲的航班裡，空服人員的表現的確是相當不錯的，當我要求填寫顧客意見函後，沒有多久，一位空姐手上拿著兩份意見函來到我的座位，讓我填寫。兩份顧客意見函的目的性不大相同。

大約二十至三十分鐘左右，我填完了所有的表格，並且按鈴請空服人員回來拿取這些意見函。

空服人員來了以後，取走了那兩份意見函。

不一會兒，一位在我們的區域服務的空服人員回來了，她說他們這些組員非常歡喜，並且感謝我對他們的讚美。她問我是否能夠特別在意見函上面，註記那三位服務該區的組員。

我很樂意地照做了。當然我已經說明該組全體空服人員之表現，俱為優異，不過特別寫上這幾位空服人員的名字，會使得他們得到額外的褒獎，這我是知道的。

寫完了這幾個名字，飛機也愈來愈接近陸地。

我的此番非洲之行，因為在機上與這些同行者和機組人員的美好緣份，而真正畫上了完美的句點。

希望這些機組人員能夠一直保持優良的服務態度，為更多在天空旅行的人們，帶來舒適的飛行經驗。

我更希望我們每一個人，不要小看我們的應對進退，雖然在他人的生命之中，不過飛鴻雪泥，卻可以為別人帶來平靜或者激動的迴異情緒；我們自己，更是由這些應對進退之中，在心性及品格之上，進行著此生綿綿不盡的課題。

心懷善意、手做好事、口說好話，不單單是為他人帶來喜樂，也為我們己身，植福造田。

27 地球美好的未來在你我手中

我們都會作夢，我也會做夢。

在睡眠的時候，那夢，尤其可能排山倒海地來。

我的作夢頻率並不高，具體地說，我的睡眠品質一般而言，相當不錯。

我在睡覺時所做的夢多半是彩色的，而且，我的惡夢頻率相當之低，雖然它們也會出現。

我的夢有時華麗，有時淡雅，常常對我訴說著優美的故事，或者可笑的故事。

醒來，有時我記得這些夢。有時在夢裡，我會提醒自己要記住這件事，但是在醒神之後，我卻只有片斷的記憶。

有時在真實世界裡我會看到一個地方，想不起在哪裡見過，然後再仔細想想，好像曾經在夢裡看過。

對我而言，夢境是件美好的事物。

我會想：在夢裡所見、又在現實所見之物，到底是巧合或是已然註寫的安排？

如果有輪迴，那麼我的夢，到底是今生的，或是從前世而來，抑或要向來世而去？

我無法回答這些問題，不過，在真實的生活之中，我也做夢，那叫做夢想。

每一個人都應該有夢想，如果沒有夢想，那麼，這個世界就將成為一個墮落而又無法進步的世界。人類因夢想而偉大，就是這個道理。這倒不是說我認為人類真的「偉大」，因為我們這些人類做了太多愚昧不堪的事，只消思想我們曾經肆無忌憚地把許許多多珍禽異獸獵殺到絕種這件事，就可以知道人類是多麼的狂妄自負，多麼的目中無物。

但是擁有夢想，確然是重要的。

我的夢想是什麼呢？

我的夢想是，日後，我仍然專心在各地教書，我希望透過教書，來與他人分享我的所知、所見、所聞。

我也能夠透過其他的方式，例如文字，將我的信念傳達給更多的人們。

我甚至希望我是一個媒介，這個媒介可以為希頌刻學校裡物質條件匱乏的學生們，帶來自己的校地，裡面有電腦教室、美術教室、烹飪教室、體育館。學生們能有整齊乾淨的書包與制服和鞋子，再也不必日復一日餓著肚子上學與放學。

學校裡面的洗手間有人清理，不會骯髒到令人掩鼻作嘔。

我的夢想是我將不會高估自己，也不能低估自己。我選定一個方位，並且篤定地去做好我所想做的事情。一次做一點，一次專注一件事。

寫到這裡，想起有一天夜晚，我作了一個夢。

我夢見關於偏遠地區學校的事情。我在和某個不知名的人談論著這方面的話題。

然後，我們講到一個趨勢。

「又有一位學有專精的人士，願意到偏遠地區的學校，去和那裡的學生們分享她的專業……這似乎已經變成了一個潮流……」

我的夢在這裡停止，被一位老同學的電話所打斷。在公司裡面的她從台北打電話給我。她知道我正在遠行，希望知道我好不好。

我掛上了她的電話，相約回台再相見，再躺回床上，想著那個夢。

是的。

我夢想當我們都願意把自己的專業，帶給他人的時候，這會變成一個潮流，乃至於這些偏遠地區的學生們，能夠從木匠身上學會雕刻。

能夠從電腦工程師身上學會操作電腦、排除疑難。

能夠從舞蹈家身上感知旋律。

能夠從會計專家身上學會記帳。

能夠從許許多多各行各業的人身上，看到夢想的可能。

接著，我再度沉沉的入睡。

我不害怕什麼。

也不該害怕什麼。

答案從來就在我的心裡。

就算有人不能使我看到天堂，我也必須想辦法，使我的夢和我夢裡的人，一起生活在天堂所象徵的和平裡，不必擔心溫飽，能夠有受教的機會。

最重要的是，他們也能夠勇於，追尋夢想。

當每一個人都有夢想，當每一個人的夢想，都因為思索著他人的福祉而壯大時，這個世界，該會是多麼美好！

走筆至此，世界新聞的頭條是戰事頻仍，石油價格起伏不斷，婆羅洲的原始森林和巴西雨林一般，以急劇的速度消逝，各國也都有各國的煩惱。有一個針對西方成年男女所做的研究調查顯示，人們對於在他們近處所發生的災難，最能產生共鳴，對於跨過一個洲、兩個洲的慘絕人寰事件，卻可能當做沒有發生。這也就是為什麼種族屠殺事件可能多次上演，但是各國卻選擇默不作聲。

如果你問：「這些事情如果發生在他們的國家，他們又會如何？」那麼我們會發現，這些事情根本不會有發生的機會，因為許多國家有不足以使這些事情產生作用的能力。

一天，一位學生問我，為什麼大家要去幫助非洲地區的人民，他說他們自己不懂得節育，才會生了那麼多孩子，自己不知道上進，才會無所成就，去幫助他們也沒有用。非洲一個洲完蛋就完蛋了吧，沒什麼了不起。

學生的表達方式很直接，也許令人感到殘忍，但是在一個著名的國外新聞網站上面，我也曾經看到西方人，持相同論調。

我不想談什麼大道理，但我告訴他一則故事。

一位眼盲的德國女子，在她自己的國家受到良好的教育，而後到中國旅行。當她到達西藏的時候，卻為當地在信仰上的傳統，感到困惑不已：因為藏胞相信輪迴轉世，所以當一個像她一樣視力有障礙的孩子出生時，全家乃至全村的人，都認為這個孩子上輩子作孽，這一世才目不見物。這些孩子的命運於是變成被鎖在家裡、被綁在床上，無法外出，更無法上課。有些人已經活了數十年，卻被隔絕在真實世界之外。

知道這件事情的德國女子相當震驚，她決定在西藏建立盲人學校，自行募款，並且結合當地的人力與宣傳，使得一些眼盲的孩子得以上學讀書。

她的故事曾經被媒體披露，當時她也計畫在中國以外的鄰近國家，設置相同的盲人學校。

我告訴這位學生，有一些人不理解某些事情的原因，是由於他們不知道事情可以這麼做，像是節育這樣的事情，在非洲的許許多多部落而言，是困難重重的，因為保險套的使用和傳統觀念不符，因此需要推廣。

我還告訴這位學生，有一些人根本從一開始就被剝奪了競爭的本錢，當一個小孩從小就無法受正常的教育，必須住在水管裡面維生，每天為了如何填飽自己的肚子而戰時，他幾乎無法爬上社會的中、上階層。

針對這個世界的紛紛擾擾，針對這個世界太多人的苦難，我們每一個人單獨的力量，無法做太多事情，但這不代表我們無法做任何事情。

只要開始做一些讓他人的生活更加富足的事情，就會有奇蹟，奇蹟會釀造喜樂的故事，喜樂的故事像絢麗的彩虹，會引起更多人們的駐足與參與。

就讓我們都在生命當中拿起畫筆，繪出彩虹吧！

哪怕你所畫的彩虹很小，也會有一雙小小的眼睛能夠看到。

哪怕你所畫的彩虹有人看不見，他們也會用耳朵聽見別人對彩虹的描述和讚美。

哪怕你所畫的彩虹沒有聲音，它的光澤也會引來珍禽異獸，為它獻上天籟之音。

不必一開始就想畫一個特大的彩虹。

形成彩虹的主要條件，一開始只是一顆微小的水滴。

但如果有願力能夠產生一顆水滴，那，就是夢想與和平的開始。終有一天，人類和動物都可以在那夢想與和平所組成的七彩橋上，娛悅地舞動、歡唱。

任何偉大的計畫，壯麗的事件，它們的來處，都是渺渺塵世之中一絲一毫不起眼的起心動念。

後記

本書能夠順利出版，要特別感謝國家圖書館駐警人員以及館內組長的指點，引薦我接觸到了秀威出版社，連同林編輯耐心的溝通種種細節，才能使本書附印與上市。

我這到目前為止仍顯得年輕卻又早熟的生命，極度相信任何事情都有可能的性格，要感謝我的父母的賜予；尤其本書拜由基層做起的父親之賜，在辭語的使用上獲其大力協助而得到更佳的潤飾，便於讀者閱讀。更要感謝老天爺用單耳聽損和其他並不順遂的經歷，（單耳聽損在此指本人右耳並無聽力：單耳聽損人士在些許先進國家，受國家身障人士權益的整體教育等各種福利等保障，足見其對人格養成及發展影響至深），使我在備受磨鍊的情況之下，領悟生命當中付出的可貴。

而能夠身體力行的進行真正的服務性質工作，要特別感謝我從小到大所遇見過的師長給我的影響，特別是從前任教於永和國小的馮秀珠老師、李燕玉老師、劉敬蘭老師與其夫婿劉朝賢先生、林景蘭老師、鄒遠慧老師；瑠公國中的李繼宗老師、譚冬梅老師、劉葳莉老師、陳美美老師；實踐大學前身五專部的謝宗興前校長／前主任、楊曉萃老師、梁屏仙老師、湯和松老師、楊紀政老師；輔仁大學的現任學術副校長周善行副校長、進修部英語系張璨文主任、輔仁大學的劉雪珍教授、Father Bauer（包端磊神父）、Carolyn Scott, Ms. Shaefer等教師、教授等。

是因為他們諄諄的教誨，使我相信世上沒有不可能的事，人我必須互相協助，以創造更美好的未來。

我還必須感謝那些在我成長的路途之上，一路相隨的好朋友們。

本書的故事雖然是真實發生的事情，但為了尊重他人隱私，每一位在書中出現人物的姓名，均非其原名的音譯，然而，我對他們感謝的心，絲毫沒有改變。

我更感謝的是「出道」以來我所遇過的所有在台灣以及海外的學生，和他們的家長或他們的孩子們，是這些人全部相加在一起，才能夠得我有更大的勇氣，去進行更多實質而有意義的計畫。

感恩各界對我們不曾間斷的服務工作的支持與鼓勵，使我們的服務團隊目前已著手成立馱肯社會企業，企圖運用目前解決人口爆炸及環境污染等棘手問題最有效率的方法，來面對我們持續關懷的國內外極弱貧人口及其社群。我們相信社會及環境企業不會是惟一的解決方式，我們也期待更多有志之士，投入更多元的其他解決目前挑戰人類存續諸多問題的解決良方。

我但願自己是一個毫不起眼的播種者，將正面的心向和互助合作的種子，因為家人的全力支持，和上述這所有的人們，和其他我來不及致謝的人們所給予我的力量，而撒向四面八方的江河大川、高山荒原，遍植人心。

新銳文學18 PG0857

新銳文創
INDEPENDENT & UNIQUE

一個義務工作者的生命故事
——出自牛津名校、褪去空姐光環，在南非的「夢他她」感受生命力！

作　　者	王晧璞
責任編輯	林千惠
圖文排版	彭君如
封面設計	王嵩賀

出版策劃	新銳文創
發 行 人	宋政坤
法律顧問	毛國樑　律師
製作發行	秀威資訊科技股份有限公司 114 台北市內湖區瑞光路76巷65號1樓 電話：+886-2-2796-3638　傳真：+886-2-2796-1377 服務信箱：service@showwe.com.tw http://www.showwe.com.tw
郵政劃撥	19563868　戶名：秀威資訊科技股份有限公司
展售門市	國家書店【松江門市】 104 台北市中山區松江路209號1樓 電話：+886-2-2518-0207　傳真：+886-2-2518-0778
網路訂購	秀威網路書店：http://www.bodbooks.com.tw 國家網路書店：http://www.govbooks.com.tw

出版日期	2013年2月　初版
定　　價	350元

國家圖書館出版品預行編目

一個義務工作者的生命故事：出自牛津名校、褪去空姐光環，在南非的「夢他她」感受生命力！ / 王晧璞著. -- 初版. -- 臺北市：新銳文創, 2013.02
面； 公分
ISBN 978-986-5915-28-5（平裝）
1. 教育 2. 文集

520.7 101020472

讀者回函卡

感謝您購買本書，為提升服務品質，請填妥以下資料，將讀者回函卡直接寄回或傳真本公司，收到您的寶貴意見後，我們會收藏記錄及檢討，謝謝！
如您需要了解本公司最新出版書目、購書優惠或企劃活動，歡迎您上網查詢或下載相關資料：http:// www.showwe.com.tw

您購買的書名：____________________

出生日期：________年________月________日

學歷：□高中（含）以下　□大專　□研究所（含）以上

職業：□製造業　□金融業　□資訊業　□軍警　□傳播業　□自由業
　　　□服務業　□公務員　□教職　□學生　□家管　□其它____

購書地點：□網路書店　□實體書店　□書展　□郵購　□贈閱　□其他

您從何得知本書的消息？

□網路書店　□實體書店　□網路搜尋　□電子報　□書訊　□雜誌
□傳播媒體　□親友推薦　□網站推薦　□部落格　□其他________

您對本書的評價：（請填代號　1.非常滿意　2.滿意　3.尚可　4.再改進）

封面設計____　版面編排____　內容____　文／譯筆____　價格____

讀完書後您覺得：

□很有收穫　□有收穫　□收穫不多　□沒收穫

對我們的建議：____________________

____

____

____

請貼
郵票

11466
台北市內湖區瑞光路 76 巷 65 號 1 樓

秀威資訊科技股份有限公司　收

BOD 數位出版事業部

（請沿線對折寄回，謝謝！）

姓　名：＿＿＿＿＿＿　年齡：＿＿＿　性別：□女　□男

郵遞區號：□□□□□

地　址：＿＿＿＿＿＿＿＿＿＿＿＿

聯絡電話：(日)＿＿＿＿＿＿　(夜)＿＿＿＿＿＿

E-mail：＿＿＿＿＿＿＿＿＿＿＿＿